Gedichte, Märchen, Tiergeschichten
Burkhard Rühl

Gedichte,
Märchen,
lustige Tiergeschichten

Burkhard Rühl

Herstellung und Verlag:
BoD - Books on Demand, Norderstedt
ISBN 978-3-7386-5098-3

Inhaltsverzeichnis

Gedichte

Teil 1: Über kleine und große Tiere

Das Frühstück mit der Maus

Eine kleine Hütte war
in den Bergen für fast zwei Jahr
mein schönstes Domizil.
Ich brauchte nicht viel
zum Leben: Schlafen, trinken, essen.
So konnte ich die Welt vergessen.
Ich hab die Sonne, den Wald, die Berge genossen,
im Sommer bekam ich entsprechende Sprossen.

Eines Tages,
ich weiß noch genau,
saß neben mir 'ne Maus, ganz grau.
Ich aß gerade mein Frühstücksbrot,
mit Knoblauch und Tomate, schön rot,
da puhlt vom Boden sich die Maus
'ne kleine, dicke Eichel raus,
nimmt eine Hälfte, wie ein Brötchen,
sich zwischen ihre beiden Pfötchen
und fängt, wie ich, mit Frühstück an;

Ich war voller Entzücken,
denn wann und wo kann man
mit einer Maus schon frühstücken!

*

Die Mücke

Sie sind ganz grausame Tiere,
blutsaugende Vampire!
Von wem ich schreib mit wenig Entzücken?
Na klar doch, von den Mücken!

Sie saugen, jucken, stechen,
die klitzekleinen Frechen,
bis sie mit Blut ganz vollgesogen
und trunken dann schnell fortgeflogen!

Ich hab mich mal 'ner Mücke
ganz mutig angeboten,
um nur zu sehn, mit wie viel Tücke
sie aus mir saugt den Saft, den roten.

Sie landete auf meinem Knie,
da suchte sie 'ne Einstichstelle,
mit ihrem Rüssel tupfte sie
im Rhythmus von Sekundenschnelle

um sich herum so alles ab.
So, hier ist's, hier hab
mag sie wohl denken,
'ne Blutbahn ich gefunden,

hier kann ich meinen Rüssel senken,
hier lass ich es mir munden!
Sie sticht bedächtig ihre feine Nadel
säuberlich ins Knie hinein

durch Haut und Fleisch ins Blut.
Ich brauch jetzt allen Mut,
um sie nicht totzuschlagen,
will's doch mal wagen,

will mich mal trau'n,
ihr beim Saugen zuzuschau'n,
auch wenn's mich juckt,
die Hand zum Schlag mir zuckt.

Jetzt ist sie drin, am Saugen,
ich seh's mit eignen Augen,
wie durch den winz'gen Schlauch
mein Blut ihr füllt den Bauch.

Der wird ganz rot und immer voller,
und mich, mich juckt es immer doller!
Jetzt ist er ganz geschwollen,
voll Blut so richtig aufgequollen.

Fertig ist sie nach 'ner Weile,
zieht den Rüssel raus ohn' Eile
und will vom Knie abheben,
doch- sie fällt daneben!

Den Hals konnt' sie nicht volle kriegen,
jetzt kann sie nicht mehr fliegen!
Das kommt davon, du dummes Tier,
von deiner großen Blutsaug-Gier!

*

Hummel

Bin dabei, mein Lager aufzubau'n,
hab mich einfach hingehau'n,
lieg auf 'ner Wiese voller Blumen,
Ameisen schleppen emsig Krumen.

Der Wind säuselt leis,
die Sonne scheint heiß,
ich denk mir dies, ich denk mir das,
schau ab und zu ins grüne Gras,
aufs Ameisengewimmel,
dann wieder in den Himmel.

Plötzlich über mir brummt
im Kreis um mich summt
'ne Hummel, im Fluge suchend.
Verdammt, denk ich, ein wenig fluchend,
ich hab mich auf ihr Nest gelegt,
jetzt sucht sie aufgeregt
das Eingangsloch zu ihrem Haus,
und ich, ich ruh' mich darauf aus!

Hätt' ich das Lager doch verrückt,
jetzt ist schon alles plattgedrückt!
So bleib ich also liegen,
und sie muss weiter brummend fliegen.

Wie oft hab ich im Leben
den Platz schon aufgegeben,
auf dem ich festgesessen,
weil andre ihn besessen!

*

Das Wildschwein

Ich lieg im Wald, so ganz allein,
auf meiner Matte, im warmen Sack,
dös vor mich hin, schlaf grade ein,
da macht es plötzlich KRACK!

Äste brechen, knacken tut's,
ich bin nicht frohen Mut's!
Es muss ein großes Tier wohl sein,
es ist bestimmt ein wildes Schwein!

Ich bin ganz still und stumm,
horch in die Nacht hinein,
das Tier ist auch nicht dumm,
es hält im Laufen ein,
lauscht jetzt, wie ich
und schnuppert mich
ist mäuschenstill
und denkt vielleicht: was der hier will?

Und wie wir beide verharren,
gespannt ins Dunkel rein starren,
da mach ich der Spannung ein Ende:
ich räusp're mich laut.

Da, rasch macht's 'ne Wende,
ich hör, wie's abhaut
das Wildschwein, das wilde.

Dann schlaf ich endlich ein
und seh im Traum noch sein
ganz großes, dunkles Bilde.

*

Noch eine Maus

Ich bin beim Wandern
durch Wald und Feld,
von einer Wiese zur andern,
so durch die kleine Welt,
den schweren Rucksack tragend.

Es ist schon Abend,
von Ferne Hundegebelle,
da such ich mir 'ne Stelle,
mein Lager aufzuschlagen,
mir knurrt nämlich der Magen,
und müde bin ich sehr.

Auch ruft kein Kuckuck mehr,
für mich ist das ein Zeichen,
von diesem Platz nicht mehr zu weichen,
den ich gefunden hab.
Ich buddele und grab,
bis alles ganz schön eben,
leg die Matte drauf, den Rest daneben.

Wie ich so dalieg, Gedanken im Kopf,
macht's unterm Ohr klopf klopf,
Nanu, denk ich, was ist denn das,
macht sich ein Geist da einen Spaß?

Und wieder dann: Poch, poch,
als wär da unter mir ein Loch,
als kröche unter meinem Ohr
ein Zwerg, ein Kobold gleich hervor.

Und dann, dann dämmert
mir langsam, was da hämmert,

von unten aus dem Loch heraus:
Es ist 'ne Maus!
Ich lieg auf ihrem Gang,
jetzt ist ihr bang!

Doch ich bin hart, will meine Ruhe haben,
kannst ja ein andres Loch dir graben!
Das tut sie dann auch,
mit leisem Rumoren- unter meinem Bauch.

*

Sind Tiere glücklich?

Tiere sind weder glücklich noch unglücklich,
sie **sind**,
in jedem Augenblick.

*

Kuh sei Dank

Eine Kuh macht MUH
und viele Kühe machen MÜHE
dem Bauern in sei'm Stalle.

Doch wenn sie alle,
Bulle, Kuh und Kälbchen gar,
auf der Weide grasend
sich bieten meinem Blicke dar,
werd ich vor Freud' fast rasend!
Ich lieb des Rindviehs Kugelaugen,
und wie die Kälbchen sich voll saugen,
wie sie sich gegenseitig lecken
zur Pflege und um Salz zu schlecken.

Wie neugierig sie kommen, zu schau'n,
was ich da mach an ihrem Zaun.
Und wie sie in der Nase bohren,
mit der langen Zunge, und mit Ohren
und Schwanz die Fliegen wegfegen,
mit Hufen sich kratzen, desselben wegen,
wie sie ruhen und wiederkauen,
mit großen Augen um sich schauen!

In vielen Farben gibt es sie,
gar bunt ist doch das Rindervieh!
Schwarz-weiß und braun, gescheckt
und grau, gesprenkelt und gefleckt.

Und wie sie wandeln grünes Gras
in weißes köstliches Nass!
Ohne euch, ihr lieben Rinder,

gäb's nicht so viele Menschenkinder,
ohne die Milch von eurer Mutter,
ihr Kälber, hätten wir keine Butter,
gäb's Quark nicht, Käse nicht und Rahm,
da wär'n wir ganz schön arm!

*

Der Kuckuck

Der Kuckuck ist ein schlauer Vogel,
legt er doch dreist,
mit viel Gemogel
die schlecht getarnten Eier
ins fremde Nest
und bleibt so ewig Freier
mit jährlichem Liebesfest.
Wie macht er das bloß,
so geschickt und schamlos,
dass die andern nichts checken?

Ganz einfach: er tut sich verstecken
im Wolkenkuckucksheim,
und wenn z.B. Teichrohrsäger
mal nicht daheim
für kürzer oder länger,
auf der Suche nach Futter,
am Teich ganz abgelegen,
dann schnell und heimlich tut er
sein einz'ges Ei, ruck zuck,
ins fremde Nest reinlegen,
fliegt auf den nächsten Baum
und ruft von da- man sieht ihn kaum-
zum Hohne noch: Kuckuck!

Sie stimmen ja, die Eier,
denken die Teichrohrsänger,
und so bleibt er für Jahre und länger
der ewig glückliche Freier!

Kuckuck müsste man sein!
Nur geliebt, nie Vater, kurz Mutter,

nie sich kümmern um Kindes Futter,
nie sich ärgern als Mama und Papa,
und im Winter dann in Afrika!
Ach wär das fein!

*

Tier

Auf Tier
reimt sich Stier,

auf Löwe
Möwe,

auf Pferde
'ne ganze Herde.

Auf Pflanzen,
riesig oder keimend,
tanzen
sich reimend
die Wanzen,

und zu des Lichtes Ruhme
reimt sich Sonnenblume.

Selbst für jeden Stein
findet ein reimendes Wort sich ein.

Nur auf Mensch
kann leider beim
Gedicht 'nen Reim
ich mir nicht machen.
Ist das zum Weinen oder Lachen?

*

Schwalben

Schwalben sind, soviel ich weiß,
keine Vögel, die singen.
Mal piepsen sie laut, mal piepsen sie leis,
aber ein Lied will ihnen nicht so gelingen.

Doch wie sie da droben,
so luftig gehoben,
auf Stromdrähten hocken
und mich mit ihrem Liede locken!

Nanu, wie das, sie singen doch nicht?
Aber das widerspricht
nicht dem, was ich gesehn,
und das klang wunderschön:

Der Drähte sind fünf an der Zahl,
wie Noten sitzen von Pfahl zu Pfahl
sie lautlos auf der Zeile,
und wenn ich 'ne Weile
hinschau, probier,
das Lied einstudier,
das sie „sitzen" da oben,
dann muss ich loben,
die Kunst, das Singen
im Sitzen zu bringen!

*

Heuschrecke

Ich sitz am Feldrand
und knüpf vor mich hin
mit meiner Flöte zart und fein
-bild ich mir jedenfalls ein-
ein Melodienband
so ganz ohne Sinn.

Vielleicht war's für sie
ein schöner Klang,
für die Heuschreck', die plötzlich sprang
auf mein rechtes Knie.

Da saß sie nun und hörte mir zu,
aufmerksam, in stiller Ruh',
und ich spielte jetzt für sie
die schönste Heuschreck-Melodie!

*

Weinbergschnecke

Was eine Weinbergschnecke wohl denkt,
wenn ihren Weg sie lenkt,
zu suchen den anderen Part,
sich zu vermehren in ihrer Art
im Weinbergschneckenliebesakt,
im langsamen Schneckengetriebe?

Ob sie wohl Sehnsucht hat nach Liebe,
ob Wollust sie packt,
Erotik sie kennt,
ihren Schatz „mein Schneckchen" sie nennt?

Ob schneckische Zärtlichkeiten
Ihr Sinnesfreuden bereiten?
Ob sie im siebten Schneckenhimmel schwebt
und ganz verliebt im Rausche lebt?

Oh, wie sie sich suchen, sich finden,
am Bache, unter Laub, unter Linden,
wie sie zusammenkriechen,
sich sehen und riechen,
sich fühlen und schmecken,
im Weinberg sich schlecken,
die Leiber ausstrecken,
einander sich reiben
so schneckschleimig nass
im saftigen Gras
und ohne Scheu es treiben!
Wie schön aneinandergeschmiegt
die eine an der anderen liegt,
so gar nicht versteckt
und gar nicht verklemmt!
Sie machen's, sie haben's gescheckt,
spontan im Schneckentemp(o)rament.

*

Teil 2: Draußen

Unterm Kastanienbaum

Ich - die Sonne tut scheinen -
sitze unter einem
Kastanienbaum,
versunken in Traum.

Überall fallen tropfend
kleine Früchte, auf den Boden klopfend.

Da fällt doch eine in den Kaffeetopf,
'ne andre fällt mir auf den Kopf!

Ja, denk ich, so ist's im Leben:
die einen fallen rein,
andre rauf,
und wieder andere daneben!

*

Wilde Weide

Wild wuchert Weide am Wasser,
wogend im wütend wehenden Wind,
biegsam sich beugend zu Boden.

Zu Frühlingszeiten zeigen sich zarte Zweige,
und kleine Kätzchen krabbeln wie Kinder
aus grünem Geäst, glänzen und glitzern.

Silbrig schillert im Sonneschein
spitzblättrig die untere Seite,
tausend Triebe treibt sie, am Teiche trinkend.

Aus kahlgeschorenen Köpfen
kucken knorrige Kobolde keck,
heulen Hexen, hungrige, hechelnd hervor

und saugen mit Stumpf
und mit Stiel in den Sumpf
Vieh, Vagabunden, Verirrte, Verwirrte,
Witwen und Waisen,
die den Weg nicht mehr wussten.

*

Augenweide

Sehen heißt,
sich der Ausstrahlung öffnen.

In der Welt
der von uns geschaffenen Dinge
können sich meine Augen
nicht satt sehen.

Ich gehe nach draußen
und führe meine Seele
auf die Augenweide.

*

Spuren

Wenn ich in der Natur bin,
wünsche ich mir,
nichts zurückzulassen,
als nur Fußspuren
und den Blick der Augen,
den ich auf die Landschaft geworfen habe.
*

Draußen

Meine Heimat
ist alt, uralt.
Sie ist grün und blau,
bunt und einfarbig,
hell und dunkel,
warm und kalt,
still und voller Klang,
nass und trocken,
hoch und tief...

Meine Heimat ist
Draußen,
kein Name,
kein Land,
keine Grenzen.

*

Ein Traum vom Glück:

Ich bin ein Kind,
ich spiele Flöte,
ich trommle,
ich tanze, tanze, tanze.

Ich springe, hüpfe, jauchze.

Ein Zauber hat mich entführt:
Schlängelnd, blühend
ranke ich um liebliche Töne.

Als springender Bach
trage ich meine Melodie
über silberne Kiesel

Ich bin ein Schmetterling
auf einer Blume,
sich wiegend im Wind,
dem Wogen der Gräser lauschend.

*

Frühling

Braune Erde,
grünes Gras,
hügelig gegossen.

Gelb getupft
und rot geflammt,
Farbenmeer, zerflossen.

*

Frühling bringt uns neues Leben

Wachsen will der Baum,
nach Blättern sehnt er sich.

Blauer Himmel schafft sich Raum
Blüten rufen dich.

Frühling bringt uns neues Leben,
Hoffnung auf ein gutes Jahr,
dass uns Freude sei gegeben
und unsre Träume werden wahr.

Das Leben will spriessen,
wir wollen es genießen!

*

Blick auf den Winter

Ein Waldweg,
Schneefelder,
dazwischen fadbraune Flecken;
gedrücktes, graugelbes Gras;
Tannenspitzen,
die die Wolken streifen.

Sonnenlicht
mit langen Strahlen
bricht durch Löcher
im dunklen Himmel;
Maulwurfhügel, festgefroren.

Aus den Schneefeldern ragen
kahle, verdorrte Halme.

Weite Flächen grünblauen Wassers,
wie Salzseen weiß umrandet.

*

Besinnliche Orte

Es gibt Orte,
an denen meine innere Stimme
sehr deutlich spricht:
an einsamen Plätzen in der Natur,
wo Frösche quaken,
Wasserläufer gleiten,
Kaulquappen zappeln,
Mäuse rascheln,
der Wind rauscht
und Wolken ziehen.

Die Sprache meiner inneren Stimme
ist die innere Stille.

Ihre Deutlichkeit
ist nur im Öffnen
der Sinne wahrzunehmen.
Dann bin i c h der Frosch,
die Kaulquappe,
die Wasserspinne,
die Maus,
der Wind und die Wolken...

*

Einsamkeit

Draußen, in der Natur,
umgeben von Bäumen, Vögeln,
Wind und Wolken,
dem kleinen Getier auf dem Boden,
dem Gras und dem Waldboden,
fühle ich keine Einsamkeit.

Aber in Städten gibt es Strassen,
die so verwahrlost sind,
so lieblos,
hässlich,
kalt
und menschenleer,
dass ich in ihnen
schmerzlich
Einsamkeit spüre.

*

Blick von einem Hochsitz

Hochsitz
Augen Ohren Seele offen

Bach trüb
Rauschen
Schafe blöken
Pelz dick
Äpfel rot

Bäume grün
Wald Erde Duft
Wind schaukelt Blätter
Luft kalt

Hase hoppelt
Acker braun

Herbstbeginn

Himmel blau
Wolken grau
Blätter liegen
Boden nass
Weg lang

Steine
Gras
Hügel
Stille

Seele Freude
*

Vorfrühling

Die satt grünen
frischen Gräser
im Vorfrühling
sind so spitz
wie Lanzen.

Sie stoßen sich durch das alte,
verwesende Laub.

*

Schlehenstrauch

Ich sah einen Schlehenstrauch
voller Regentropfen.
In der Sonne glitzerten sie
wie lauter Blüten.
*

Das Fliessen beruhigt

Ich sitze am Bach
und weine.

Plötzlich fällt mir ein:
Der Bach und meine Tränen
sind aus dem gleichen Element.
Keine große Erkenntnis,
aber ihr Fliessen beruhigt mich.
*

Neben einer Hecke

Ich fahre mit dem Rad
neben einer hohen Hecke,
durch die von der anderen Seite
die Abendsonne scheint.
Ich schließe meine Augen
für eine kleine Weile:

Wellen tanzen vor geschlossenen Augen
in Schatten und Licht.
Dunkle Streifen,
Gelb und Rot
im Wechsel,
ein wandernder Punkt,
dahinter Gedankenfetzen.

*

Abendstimmung

Abendsonne scheint.
Ich sitze auf dem Steg
eines Teiches.

Es ist still.
Ein leichter Wind
rauscht leise
durch Birkenblätter.

Neben mir zeigt ein Apfelbaum
sein Blütenkleid,
gegenüber neigt eine wilde Kirsche
ihre blühende Krone
über den Teich.

Blütenblätter fallen
auf das Wasser,
zeichnen Kreise
und verwackeln
das Spiegelbild
der großen Birke.

*

Teil 3: Geschrieben auf einer Afrika-Radreise

Auf der Kippe

Ich fahr mit meinem Rad,
ja wirklich, in der Tat,
durch Afrika, das große Land!

An einem überdachten Stand,
wo's was zu essen gibt,
da mach ich Halt,
bestell dort, was beliebt:
Reis und Fleisch,
und krieg's auch bald

'ne fette Mami gibt es mir,
doch ich, ich sag zu ihr:
das ist mir viel zu viel,
die Hälfte ich nur will!

„Kannst mir die Hälfte geben",
sagt kauend die Mama,
und ich, ich sitze staunend da
und denk, ich hört' nicht recht soeben.
Na gut, okay, ist abgemacht,
geb ihr die Hälfte, und sie lacht.

Eine Bank dient mir zum Sitzen.
Rechts auf ihr da hockt ein Junge,
seine Augen tun blitzen,
er leckt sich die Zunge,
schaut mich an wie gebannt.

Ich sitze links, am äußersten Rand;
plötzlich steht der Junge auf,
und in dessen schnellem Verlauf,

wie der Junge sich erhebt,
die Bank an seinem Ende
schnurstracks in die Höhe schwebt,
und ich, der sonst Behende,
flieg runter mit Krachen,
von meiner wackelnden Bank,
und kann mit den andern nur lachen,
denn die, die lachen sich krank!

*

Am Roten Meer in Ägypten

Ich liebe dich, Türkis,
halb vom Himmel im Meer gespiegelt,
halb vom Grund des Meeres
im Sonnenlicht emporgehoben
Ich möchte eintauchen in dich,
von dir trinken
und mit dir verschmelzen!

*

Abschied von Kamerun

Kamerun,
deine Menschen
sind mir freundlich begegnet.

Deine tausend Hügel
haben mir Mut gemacht
und Kraft gegeben.

Deine Wege haben mich gelehrt,
auszuharren.

deine Flüsse haben mich gekühlt
und gereinigt.

Aus deinen Wäldern
ertönte die Natur
in unbeschreiblich schönen Konzerten.

deine Früchte haben mich gestärkt
und meine Augen erfreut.

Deine einsamen, klangvollen Nächte
haben mir Ruhe geschenkt.

Ich fühlte mich in dir geborgen.

*

Baobab, der Affenbrotbaum

Baobab,
du Vater aller afrikanischen Bäume,
Felsenbaum, Elefantenhäuter!

Oft fand mein müder Rücken
an deinem dicken Stamm eine Lehne.

In des Mittags Hitze botest du
mir breiten Schatten.

Des Nachts hast du mich
viele Male beschützt.

Deine puderzuckerumhüllten Kerne,
die wie in Samtbeuteln verborgen,
an Schnüren herabhängen,
habe ich wie Bonbons gelutscht,
sie gaben mir viel Kraft.

Ich liebe dich!

*

Abschied von Afrika

Ich werde dich vermissen,
Sonne über Afrika,

dich, Baobab im Sorghumfeld,
im Steppengras, im roten Staub,

dich, schwarzes Gesicht,
„bonjour" und „cadeau",

euch, Trommeln in der Nacht
und Ochsengebrüll,
Grillengezirpe und Silbermond,

dich, Mutter Erde,
dich, Fels,
dich, stille Wüste,
Distelbaum und Mangofrucht,

dich, lebendiger, bunter Markt,

dich, Vogel, königsblau und türkis,

euch, die ihr mir zurieft:
„Gauaja, white man, oribo,
onjodscha, tuwab, nassara" und „blanc",

euch, ihr Händler,
die ihr mich das Feilschen lehrtet
und den verzicht.

Ich danke euch,
die ihr mir Wasser gabt
und gastfreundlich ward.
*

Afrika

Afrika, das ist nicht nur
Kleidersammlung
und aufgedunsene, hungrige Kinderbäuche,

nicht nur Kaffee, den die,
die ihn anbauen und ernten,
sich nicht leisten können.

Afrika, das ist nicht nur Krieg zwischen Stämmen.

Afrika ist auch:

Erwachen und Erkennen der eigenen Geschichte,
Kultur, Schönheit und Eigenart des Landes
und des eigenen Wegs.

In den Augen Afrikas sehe ich nicht
Dritte und Zweite Welt,
sondern unsere Welt, die letzte.

Trommeln und Tanz,
leuchtendes Feuer,
Geschmeidigkeit
und natürliche Eleganz
sind noch nicht gestorben.

Was wir Armut nennen,
ist unser Maß
an unserem Reichtum.

Lassen wir *Afrika* in Ruhe,
im Krieg und im Frieden.

*

Teil 4: Behauptungen über Zeit, Raum, Anfang und Ende

Zeit ist eine Erfindung der Menschen

Zeit ist ein Maß,
und das Maß
sind die Zeiger der Uhr.

Zeit
ist eine Abstraktion
allen Seins
und allen darin enthaltenen Lebens
auf die Geschwindigkeit
der Bewegung im Raum.

*

Schneller oder langsamer?

Eine Schnecke
ist nicht langsamer
als ein Gepard.

Ein Gepard ist nicht schneller
als eine Schnecke.

Sie werden sich nie
in einem Wettrennen messen.

Beide sind von unterschiedlicher Art.

Für die Erhaltung der eigenen Art
ist sowohl die Schnecke
als auch der Gepard
so schnell,
wie es nötig ist,
zum nächsten Blatt
oder zur nächsten Beute zu gelangen.

*

Zu schnell

Manchmal
bewege ich mich
mit solcher Geschwindigkeit,
dass ich selbst
nicht mehr mitkomme.
*

Anfang und Ende

Ich suche immer einen Urbeginn
aber es gibt ihn nicht.

Es gibt nur Zwischenräume,
und Zusammenhänge

Alles,
was darin geschieht,
und sich darin befindet,
jedes Teil und jedes Ereignis,
hat zugleich einen Anfang und ein Ende
in der grenzenlosen Herkunft und Weite des Alls.

*

Ursprung

Es gibt viele Sprünge,
aber keinen Ursprung,
denn auch da muss ja irgendetwas
von irgendwo
nach irgendwohin
gesprungen sein.

*

Kreislauf

Das Wasser,
aus dem ich bin,
ist schon zig-millionenfach
vom Himmel gefallen,
durch unzählige Wesen pulsiert.

Der Stoff,
aus dem ich bin,
war schon zig-millionenfach
Stoff in anderen Wesen,
im Menschen,
im Tier,
in Pflanzen und Steinen.

Die Luft,
die ich atme,
war schon Atem
unzählig vieler Lebewesen.

Nichts geht verloren,
alles bleibt,
alles fließt,
alles löst sich auf,
findet neue Form.

*

Zufall oder nicht?

Im Strom der Geschehnisse
absichtslos zusammentreffen,

sich im Laufe
der Ereignisse treffen,

in der Fülle der Impulse
zueinander finden,

sich erkennen
oder wiedererkennen,

ohne sich gesucht zu haben,
das nenne ich Zufall.

*

...über Leben und Tod, Abschied und Vergänglichkeit

Was ist Tod?

Tod
ist die Wandlung
aller Lebewesen
vom *Wesen*
zum Ge*wesen* sein
ins Ver*wesen*.

Und wie überall in der Natur
wird auch mein gestorbenes Wesen
Grundstoff für neues Wesen.

In Wirklichkeit
gibt es keinen Tod,
nur Verwandlung.

*

Was ich möchte:

Abschied nehmen können
vom Leben,
ohne traurig zu sein,
ohne zu bedauern,
ohne Reue,

mit klarem Blick
für den Tod,

für das Eintreten
in die körperliche
und geistige Verwesung,

in die Auflösung des „Ich",

in die Verwandlung
vom Bekannten
ins Unbekannte.

*

Kein Tor

Für mich ist da
kein Tor
vom Leben zum Tod,

kein Hintertürchen,
durch das mein „Ich"
noch schlüpfen könnte.

Da heißt es,
mit allen Illusionen zu brechen
und mich von mir selbst
zu verabschieden!

*

Durchschnitt

Durchschnitt
ist wie ein Kanal,

begradigt um die Schönheit,
Lebendigkeit,

Vielfalt, den Reichtum,
die Verschiedenartigkeit,

die Höhen und Tiefen
des Lebensflusses.

*

Das Leben ist ein Lied

Das Leben ist wie ein Lied,
jedoch mit *einem* Unterschied:
Es wird nicht komponiert,
und auch nicht einstudiert,
denn Noten gibt es keine.

Und dennoch reiht sich Ton an Ton,
ist jeder Klang auch eine
vielstimm'ge Komposition.

Mal klingt es traurig, mal heiter,
zuweilen dramatisch und munter,
so geht's die Tonleiter
hinauf und herunter.

Stimmung, Rhythmus, Melodie,
wechseln ab in Chaos, Harmonie,
und Tempo, Laut und Leise,
tragen bei zu dieser Weise,
bis dass das Lied verklungen,
welches das Leben gesungen.

*

Mut

Ich mag weder *De*mut
noch *Hoch*mut.
Mir genügt Mut.

*

Dank

Ich bin meinen Eltern
dankbar dafür,
dass sie mich gezeugt haben!

*

Leben

heißt
für mich:
Abschied
von der Vergangenheit,
Begrüßung
des Augenblicks.

*

Ich *erlebe* den Tag

*

Ahnung

Plötzlich überkommt mich
eine Ahnung von der Kraft,
die möglich ist,
wenn ich etwas loslasse!

*

...über Herz, Seele und innere Stimme

Leid

Das Leid
eines Einzigen
ist nicht weniger
als das Leid von Millionen.

Leiden kann nicht addiert werden.

*

Im Käfig

Zittrige Hände,
kochendes Blut,
auf und ab, wie im Käfig.

Atem das Tier,
Gitter die Brust,
wutschnaubend will es sie brechen.

Verstand, der Wärter,
hält es in Schach.

*

Lebenslust

Wenn meine Seele
Ruhe findet,
spüre ich
meine Lebenslust.
*

Suche

Vollgestopft
mit Wissen, Fakten, Theorien,
Meinungen, Standpunkten,
Vorstellungen Wünschen,
Hoffnungen,
Ideen und Idealen...
suche ich meine innere Stimme,
um zu hören und zu tun,
was *ich* will.
*

Selbstbestimmung

Ich habe eine eigene Stimme,
ich brauche mich nicht mehr
bestimmen zu lassen.

Ich spreche aus mir
und für mich selbst.

Ich entdecke meine Stimmung,
ich werde stimmig.

Stimmt.
*

Das unsichtbare Schild

Vor den Geschäften
steht ein unsichtbares Schild:
Die Seele muss draußen bleiben.

*

Tränen

Glasklare Perlen,
warm und weich,
zu Tropfen geformt,
sprudeln aus reiner Quelle,
aus offenem Seelenmund,
heilen eine schmerzende Wunde.
*

...über Wahrheit, Geheimnis u.a.

Wahrheit

Schon wieder denke ich
viele Gedanken,
schreibe ich Seite für Seite,
suche ich viele Worte,
um die Wahrheit zu finden.

Doch gestern sah alles ganz anders aus,
als heute,
und vorhin noch anders als eben.
Und morgen schon ist alles Schnee von gestern.

Die Wahrheit suchen heißt:
Einer Spur folgen,
die nach allen Seiten
des inneren und äußeren Universums
ins Unendliche oder im Sande verläuft.

Ich will aufhören,
die Wahrheit zu suchen,
sie ist überall,
im Zorn und im Schweigen,
in der Liebe und im Neid,
im Hass und in der Rache,
selbst die Lüge ist voller Wahrheit.

Es ist zwecklos,
sie zu suchen,
sie lässt sich nicht finden,
nicht fassen,

nicht begreifen,
nicht festnageln,
nicht nachvollziehen,
nicht rekonstruieren,
nicht wissen, nicht erzwingen.

Die Wahrheit ist ein Geheimnis.

*

Kraft

Alle Kraft
liegt in der Wahrheit,
die man selbst erfahren
und erkannt hat.

*

Und doch sind sie ein Fluss

Die Wahrheit
liegt nicht in den Gedanken,
denn die sind vom Herzen
soweit entfernt,
wie die Mündung eines Stromes
von seiner Quelle.

Und doch sind sie *ein* Fluss
*

Mit geschlossenen Augen

Manche Wirklichkeiten
sehe ich nur,
wenn ich die Augen
geschlossen habe.

*

Der Reiz der Fremde

Manchmal möchte ich
nicht lesen können,
was ich lese
und nicht verstehen können,
was ich höre.

Dann möchte ich nur Farben
Und Formen sehen,
Töne und Klänge hören.

*

Jede Ursache hat eine Ursache

Es ist befreiend,
auf ein „Warum"
keine Antwort zu wissen.
Wie kann ich die vielen kleinen Gründe
im großen Grund erkennen,
und sie als Ursache
für eine Tat bestimmen?
Jede Ursache hat eine Ursache!

*

Geheimnis

Ein Geheimnis anerkennen,
heißt:
Aufhören zu fragen
und sich an der Erscheinung
zu erfreuen
oder zu staunen

*

Recht-Fertigung

Wir basteln uns
aus der Menge der Ideologien
und Religionen
eine eigene zusammen,
die unsere seelische und materielle Lage
am besten rechtfertigt.

*

Auf meinem Weg

Was ist falsch, was ist richtig?
Ich weiß es nicht.

Eigene und fremde Kräfte
leiten, stoßen,
drücken, ziehen,
schleudern, stürzen,
locken, hindern,
zwingen mich,
und am Ende
bin ich das,
was ich jetzt bin:
weder falsch noch richtig,
sondern auf meinem Weg.

*

Dialektik

Das Sein und die Idee,
Gedanken und Tat
schöpfen gegenseitig voneinander,
zeugen und gebären sich miteinander
und einer aus dem anderen.

*

...über mich selbst

Mehr nicht und doch viel

Ich esse, wenn ich Hunger
und trinke, wenn ich Durst habe.

Ich gehe schlafen, wenn ich müde bin,
ich schaffe, wenn ich Lust verspüre,

und tue das,
was ich für notwendig halte
und was mir Spaß macht.

*

Und dennoch

Ich bin ein Werkstück,
an dem ich schöpferisch tätig bin.

Ich weiß nicht,
was draus werden soll.

Soll überhaupt was draus werden?

Und dennoch:
Ich feile, bohre, säge,
schaue, bin unzufrieden, verschönere,
glätte, poliere,
betrachte, gestalte,
ohne Plan, doch nicht sinnlos,
aber vor allem: mit Lust und Freude.

*

Selbstporträt I

Ich bin Himmel und Hölle,
Sonne und Schatten,
Liebe und Hass,
Eis und Feuer,
Wahrheit und Lüge,
Chaos und Harmonie,
Ruhe und Sturm,
Lachen und Weinen,
Einheit und Widerspruch.

Mal bin ich viel von dem Einen,
mal viel von dem Andern.*

II

Eine kleine Perle,
ein Schatz,
eben erst entdeckt
unter dem Kreuz.

*

III

Ah, ich bin ja gar nicht so!
In Wirklichkeit bin ich ganz anders, hoho!

Aber die Wirklichkeit hält sich verborgen
im Wollen, im Könnte, im Traum und im Morgen.

Jetzt bin ich so, wie ich bin:
Mal heiter, mal froh im Sinn,
zwischendurch, damit's nicht so trist,
kann ich auch traurig sein
und fluchen: „So'n Mist!",
zuweilen auch einsam, allein.

Schmerzen im Herzen? So manchesmal.
Sehnsucht nach Liebe? Auch hin und wieder.

Aber im Jammertal
lass ich mich nicht mehr nieder!

Eher rotz ich und trotz ich wie'n Kind
gegen den Wind!

*

IV

Ich bin ein blühender Ginster,
der die Augen erfreut.
Ich bin Dornengestrüpp,
in dem andere sich verfangen
und stolpern können.
Ich bin Vogelgezwitscher,
das die Ohren erfreut.

Ich bin eine Schlange,
die auf dem Boden kriecht,
eine Rose,
die mit ihrem Duft
und ihrer Schönheit berauscht,
ein Tümpel,
unklar und modrig.

Ich bin der Frost,
voll eisiger Kälte,
eine taube Nuss
und erwachendes, zartes Buchenblatt.
Ich bin eine leuchtende Kuckucksblume,
in den Wind geworfene Spreu,
ein Affe,
albern, kreischend und feixend.

Ich bin ein klarer, frischer Quell,
kühl und quicklebendig,
ein Gefangener und vogelfrei,
scheu und unverschämt,
Beschützer und Verräter,
Angreifer und Flüchtling.

Ich bin Be- und Enthauptender,
schwach und brutal.   >

<   Ich bin das Murmeln des Baches
und das Schreien der Falken.
Ich bin selbstsüchtig und zerrissen,
geborgen und eins mit mir,
ein Flickschuster,
der dem schmutzigen Rest
noch etwas Schönes abzugewinnen vermag.

Ich bin ein steinewerfendes Unschuldslamm,
ein Teufel, der sich nach dem Himmel,
und ein Engel, der sich nach dem Sündenpfuhl sehnt,
ein schuldiger Prediger,
blind und taub und voller Angst
vor dem eigenen Erwachen,
müde und alt,
bunte Splitter sammelnd
aus dem Scherbenhaufen.

Ich bin Täter,
provoziere, schlage, töte,
bin selbstzufriedener Ankläger
und erblühe in einem Flötenlied.
Ich bin geizig, verschwenderisch,
berechnend und dumm,
und der Schalk sitzt mir im Nacken
und auch die Moral.

Ich bin König, Feigling, und Bettler,
ich graue mich nicht vor dem Grauen,
scheue mich nicht vor dem Scheußlichen,
wühle im schlammigen Grund
auf der Suche nach dem Paradies,
ich bin ein freundlicher Feind,
größenwahnsinnig und kleinmütig.

Ich liebe das Leben
trotz und wegen Allem,

ich sehe meinen Egoismus, meine Liebe,
meine Sanftmütigkeit, meine Freude,
meine Lebenskraft und meine Grenzen.

*

Teil 5 : Geistesblitze, Sprüche und Schlauheiten

Logik
ist gefangenes Denken,
kanalisierter Wortstrom.

*

Hass
ist der Eiter der verwundeten Seele.

*

Eifersucht
ist die Angst,
den geliebten Menschen zu verlieren.

*

Diskutieren heißt:
Geistig zum Angriff rüsten
oder sich verteidigen,
aber nie, die eigene Position aufgeben.

*

Wer sich behauptet,
muss mit Enthauptung rechnen.

*

Die Lösung aller Probleme:
Nicht anschaffen,
sondern abschaffen!

*

Fotos
sind eingemachte Augenblicke.
*

Höllischen Spaß
kann man im Himmel nicht haben

*

Die wahren Talente
sind jenseits von Zeugnis und Lohn.

*

Geistiger Besitz hat den Vorteil,
dass er auch, wenn man ihn teilt,
nicht weniger wird.
Außerdem kann man ihn jederzeit
überallhin mitnehmen.

*

Wir halten uns für den Nabel der Welt,
vielleicht sind wir aber nur ihr Hinterteil?

*

Wir sind nicht die Krone der Schöpfung,
sondern die Krone der Schröpfung!

*

Wir machen uns wichtig,
aber von der Existenz
allen lebendigen Seins her gesehen
sind wir nicht mehr oder weniger wichtig
als ein Regenwurm oder ein Virus.

*

Nur allzu oft werden
aus gleichberechtigten Frauen
Männer.

*

Wer Haare spaltet,
hat eine scharfe Zunge.

*

Zwischen Herkunft und Zukunft
liegt die Niederkunft.

*

Freiheit heißt:
Kein Blatt vor den Mund nehmen lernen
und auch das Feigenblatt entfernen.

*

Ein neues Feld für die Gentechnik:
Die Erbsünde!

*

Reinkarnation
ist Recycling
verbrauchter,
verschmutzter,
verschlissener
gequälter Seelen.

Heimat

Heimat ist ein Geflecht
von menschlichen Beziehungen,
sie ist da, wo ich liebe
und geliebt werde,
dort, wohin meine Erinnerung
gerne zurückschweift.

*

Frieden

Nur wer zufrieden ist,
kann friedlich sein

Teil 6: über Liebe, Triebe und Erotik

Das Kleid der Liebe

Wie schön ist doch das Kleid der Liebe,
verführerisch verkleidet sie die Triebe
mit Stoff, ganz zart und fein,
aus Samt und Tüll und Seide.

Und wie es knistert, wie es spannt,
wenn sie den Saum so übers Bein,
den glühenden Liebesleib
langsam schält aus dem Kleide...
dann hab ich erkannt,:

Die Liebe ist ja ein *Weib*!

*

Augen-Blick

Liebe zeigt sich in einem Augenblick
in einem Augen-Blick.

Sie ist scheu und mag es nicht,
wenn man sie anstarrt.

Sie kommt von selbst,
wenn sie den Augenblick für richtig hält,
und dann öffnet sie
einem die Augen für sich.

*

Warum das "Ding" Beziehungs-Kiste heißt:

Ein Mann und eine Frau ziehen sich an,
die Liebe zieht ein.
Dann ziehen sie sich aus,
ziehen sich gegenseitig auf
mit neckischen Spielchen
oder ziehen die Bettdecke über die Köpfe,
jeder so nach seiner Moral...

Und schon sind sie drin
in einer Zweierbeziehung
und beziehen sich aufeinander.
Wenn sich jetzt nicht einer von beiden
aus der Affäre zieht,
dann kommt bald das Zusammenziehen:

Das Umziehen, das Beziehen
der gemeinsamen Wohnung,
der Ehebetten,
der Zeitung.

Aber langsam zieht auch der Honeymoon vorüber.
Der Zug ist abgefahren,
es folgt das Er- und Großziehen der Kinder.

Sind die dann groß- und aus- und weggezogen,
ziehen meist düstere Wolken auf:
Die Schachzüge sind bekannt,
nichts zieht mehr,
nur noch der Gewittersturm
duch's offene Fenster:

So dicht neben- und ohne Bezug zueinander,
da ist nur Reibung, keine Spannung mehr,
der Bogen ist schlaff, weil zu oft überzogen.

Wenn sie's trotzdem durchziehen wollen,
ziehen sie einen Therapeuten zu Rate
oder Freunde hinzu.
Andernfalls ziehen sie ganz
oder nur die Betten auseinander,
oder sich im Streit gegenseitig runter:
„Zieh ab, zieh Leine, verzieh dich
oder ich zieh dir Eins über"!

Manchmal aber wird auch,
mit Tränen in den Augen und der Nase,
mit Schluchzen und Hochziehen, verziehen,
aber nur, um sich dasselbe
bald wieder reinzuziehen.

Oh selige Beziehungskiste,
ziehe doch bitte an mir vorbei,
aber lass mir die Anziehungskraft
mit dem nachfolgenden Ausziehen,
ansonsten lass mich weiter-
beziehungsweise umherziehen in der Welt
und in Frieden, Amen.

*

Treffer

Erst treffen sich ihre Blicke
mit einem leichten Zugenicke,
dann treffen sie sich im Café
und im Herzen.

Sie treffen,
ohne zu zielen,
und sie treffen genau,
mit verliebten Augen, die schielen,
verträumten Augen, so blau.

Und plötzlich: alte Wunden und Traum
platzen wie Blasen aus Schaum,
mit einem Knall.
Der Schmerz kommt bald,
fast immer, und überall.
Drum heißt verliebt sein auch: verknallt.

*

Liebesabenteuer

Liebesabenteuer haben mich gelehrt:

Sie sind es mir wert,
trotz nachfolgendem Kummer im Herzen,
immer von neuem gelebt zu werden!

Ekstase ohne Schmerzen,
hier auf Erden?

Traum ohne Platzen,
nur Paradiesvögel, keine Spatzen?

Reichtümer, die nie zerrinnen,
nie verlieren, immer gewinnen?

Immer nur Luftschlösser bauen,
nie aus dem Kellerloch schauen?

Illusionen, die nie zerknallen,
nur Frieden, ohne zusammenzuprallen?

Im Wolkenkuckucksheime sitzen,
ohne Blut und Wasser zu schwitzen?

Im siebten Himmel schweben,
ohne den freien Fall zu erleben?

Nur sich tummeln im Rausch,
nie niedersinken in Bogen und Bausch?

Keine Depressionen, keine Niederschläge,
und niemals eine Nervensäge?

Wo gibt' denn so'ne Zauberei!?
Als Fata Morgana, vielleicht, ach einerlei,
das eine gibt's ohne das andere nicht.
Das weiß selbst ich, ein schwaches Licht.

Dies Wissen verkürzt mir den Schmerz,
es schafft ihn nicht ab, aber mehr Platz für Scherz!

*

Nur zum Scheine?

Bin ich verlogen, bin ich verbogen?
Na wenn schon, jetzt wird gerad' gebogen:

Ehrlichkeit ist nicht mein Ziel,
Herrlichkeit ist, was ich will!

Hab keine Lust, in Sitten und Morälen
mich elend rumzuquälen,
mich aufzureiben im Normengetriebe.

Garantieschein auf Liebe?
Treueversprechen bis in den Tod,
und dann vor lauter Seelennot
aus geradlinigem Ehestand,
aus schwankendem, leckem Zweierboot
heimlich zur Seite springen
an tropisch erotischen Badestrand
und im Fremdgehen Liebe erringen?

Gefühle verbiegen, verbergen müssen,
nur zum Scheine sich küssen?

Darunter sich rächen, sich streiten,
und nur getäuschte Zärtlichkeiten?

Sich gegenseitig die Seele zerschlagen,
sich heimlich raufen in den Haaren,
bloß keine Trennung wagen?!
Und das Ganze nur, um Scheine zu wahren:

den Geldschein, Heiratsschein, den Schein der Liebe?

Ich will leben im Sonnenschein der Liebestriebe,
und wenn's regnet, werd ich halt nass,
das verdirbt mir dann auch nicht den Spaß!

*

92

Triebe-Liebe

Geplant, getopft, gezogen,
in gut gedüngten Boden gesenkt,
gespritzt, gewässert, gelenkt,
gewärmt, geschützt,
geschnitten, gebunden,
gestutzt, gestützt,
verletzt, geschunden,
gezwickt, gezwackt,
und abgehackt,
verkauft und schön zurechtgebogen:

so behandeln wir die Triebe
und nennen's auch noch Liebe!

*

Das mögliche Ende einer Beziehung

Zerrissene Seelenfetzen,
durch Giftpfeile zerschossenes Herz,
aufgeplatzte Wutblasen,
Rachegeschwüre,
Eifersuchtseiter,
klebrig gerinnendes Liebesblut,
niedergeschlagenes Gemüt,
kaltgestellte, heiße Gefühle,
die zu Hassgefühlen sich wandeln,
wahnsinnige Sucht,
den andern zu seh'n,
abgeschnittene, wuchernde Triebe,
Phantomschmerz, als sei der andere noch da,
Heulen, Schreien, Zusammenbrechen,
krampfhaftes Zusammenreißen
zerreißender Nerven,
und die Angst vor Abgrund und Unglück...

*

Reizvoll

Reizwäsche?
Überflüssig!
Eine meiner Geliebten
hatte Löcher in den Unterhosen.
Sie war zu faul,
sie zu stopfen,
für neue wollte sie
kein Geld ausgeben.

Sie sah wirklich
sehr reizvoll darin aus!

*

Was ist Liebe?

Exstatischer Taumel, erotischer Tanz;
gestreichelte Zärtlichkeiten,
die Sinneslust bereiten,
hingegeben, zerflossen ganz
im süßen Rausch der Triebe-
ist das Liebe?

Küssen, naschen,
Zipfel erhaschen,
Freudengipfel erklimmen,
in seidigen Wolken schwimmen,
luftig auf ihnen schweben,
sich wild in den Himmel erheben,
nur noch Wollust kennen-
kann man das Liebe nennen?

Mann und Weib,
ganz eng umschlungen,
Leib in Leib,
und beide ganz nackt,
sich leckend mit Engelszungen-
ist das ein Liebesakt?

Ach, sag mir doch, was Liebe ist,
ach, zeig mir doch die Liebe!
Bin so voller Gier,
kann nicht warten, wenn ich sie spür,
und komm ich dann angerannt,
hab bald ich an ihr
mir die gierigen Pfoten verbrannt!
*

Ist das Liebe?

Wenn sich zweier Menschen Gedanken
aneinander ranken
in gemeinsamem Eifer, neckischem Spiel,
wenn Funken sprühen,
heimliche Drähte glühen,
Augen Signale senden,
Hände Liebkosungen spenden,
wenn magnetische Kräfte sich zeigen,
beide sich anzieh'n, einander sich neigen,
wenn sie,-die Pole vertauscht-
sich beide auszieh'n, berauscht
vom kommenden Spiel,
dann ist das Liebe.

*

Die große Liebe I

Wir waren verliebt
und wussten nicht,
Liebe daraus zu machen.

Wir haben uns gebraucht
für unsre kaputten Seelen.

Als der Rausch vorüber war,
wandelte zärtliche Berührung
sich um in Krampf und Kampf,
wir wurden Gegner
in einer Schlacht,
die niemand wollte.

*

II

...und ewig geträumt von der Grossen Liebe
und immer versäumt
die Kleine von nebenan.
Statt dessen nur Fehlschläge und „Hiebe,"
weil, an die große Liebe kommt keiner heran.

*

Mit deinen Augen

Ich glaube, mein Bild
passt nicht in deinen Rahmen.

Du siehst mich
und siehst mich doch nicht,
weil du mich mit *deinen* Augen siehst,
mit *deiner* Geschichte,
mit *deinen* Enttäuschungen
und mit *deinen* Erwartungen.

*

Teil 7: Sprüche zum Thema Liebe

Liebe kennt keine Grenzen,
aber wir setzen ihr dauernd welche.

*

Wir verwechseln oft Liebe mit Geschmack.

*

Macht steht der Liebe,
und die Liebe
der Macht im Wege.
Während die Macht
von der Ohnmacht lebt,
lebt die Liebe von der Gegenliebe.

*

Geil sein reicht nicht zur Liebe,
aber es gehört zu ihr.
Hefe allein macht noch kein Brot!

*

Ich hatte mich an sie gehängt,
da hat sie mich abgehakt.

*

Die Geilheit kultivieren,
nennen wir Liebe,
sie wild wachsen lassen, dagegen Triebe.

*

Liebe verspricht nicht,
deswegen braucht sie auch nicht zu halten.

*

Liebe heißt nicht nur:
Jemanden lieb *haben,*
sondern auch:
zu jemandem lieb *sein* !

*

Nicht nur Liebe macht blind,
Hass auch.

*

Verknallt und verschossen,
man hört schon an den Geräuschen,
was da geschieht.

*

Liebe beflügelt,
aber wehe, man versteht nicht,
die Flügel zu gebrauchen!
Dann, klatsch, glatte Bauchlandung!

*

Durch Liebesschmerz
kann ein Mann, eine Frau
Mensch werden.

*

Liebe macht kopflos,
ohne zu enthaupten.

*

Lieben = Lust
Verlieben = Verlust

*

Wir klammern uns oft an die Liebe,
in dem vermeintlichen Versuch,
sie zu retten,
und dann erwürgen wir sie.

*

„Mir schwebt ein ganz bestimmter Typ vor..."
sagen manche und verhindern, dass die Liebe landen
kann.

*

Die wahre Liebe gibt es nicht,
denn jede Liebe ist wahr.
Aber auch als Ware gibt es die Liebe nicht,
sonst hätt ich sie längst mir gekauft!
*

Die Liebe fällt vom Himmel, heißt es.
Und wenn sie runtergefallen ist,
kann sie einen auch wieder in den Himmel heben.

*

Dein Bild passt nicht in meinen Rahmen,
sagen wir manchmal
und suchen uns ein neues Bild,
weil wir den Rahmen nicht sprengen wollen.

*

**Ich liebe dich,
sagte das Kind im Manne
zur Mutter in der Frau,
deren Kind in ihr
zum Vater im Mann dasselbe sagte.**

*

Die Liebe meldet sich,
wenn sie da ist:
sie herzklopft an.

*

Liebe, die nicht erwidert wird,
macht mich traurig.
Wird sie erwidert, dann bin ich fröhlich.
Bin ich hingegen frustriert,
dann waren's nur die Triebe.

*

Die Grosse Liebe fängt am besten klein an,
wenn sie wachsen und nicht als Traum zerplatzen will.

*

Busenfetischismus
wird von unbefriedigten Säuglingen gemacht.

*

In der Lockung liegt der Reiz,
in Sprödigkeit nur Geiz.

*

Ein keusches Weib,
eine Nonne,
hat auch einen Unterleib,
aber nie eine Wonne.

*

Die Lippen des Mundes
schämen sich nicht,
die Lippen der Lust
als Scham zu bezeichnen.

*

Eine Beziehung kann schnell
zu einer Bedrückung werden.

*

Teil 8: Neue Gedichte

Herzschmerzen
oder
Einheit im Widerspruch

Amor und Venus,
irgendwo auf Wolken,
im Streit um Pfeil und Bogen,
einig im Ziel, lösen den Zwist
auf folgende Weise:

S i e hält den Bogen,
e r legt den Pfeil ein,
s i e spannt die Sehne,
e r gibt das Zeichen zum Schuss.

Der Pfeil schwirrt los,
den Zwist in sich,
-und seine Lösung.

So kommt's, dass im Ziel er
nicht trifft allein ins Herz,
sondern auch in Wunden,
Herzschmerzen genannt,
denn Venus gilt als Mutter des Amor
und dieser begleitet sie ständig.

*

seelen sind uralt

seelen sind uralt,
viel älter als die geister.

und als die geister geboren wurden,
kämpften sie um die vorherrschaft
über die seelen,
siegten und zwangen sie
mit ihrer herrschenden stimme,
ihnen untertan zu sein.

und die seelen gehorchten
und wurden still.
nur ganz leise
sprachen sie von innen heraus
aus den körpern,
in denen sie zusammen
mit den geistern wohnten.

und allem, was die geister taten,
fehlte die seele.
die geister herrschten,
aber die seelen litten.
und alles, was die geister taten,
befriedigte nur sie selbst,
und bekämpfte die seelen.

und die seelen schrieen,
schlugen wild um sich,
machten die körper krank,
in denen sie wohnten.   >

<   es gab aber seelen,
immer und zu allen zeiten,
die stärker als die geister waren,
mit denen sie zusammen
in einem körper wohnten,
sie ließen sich nicht unterdrücken,
sprachen mit starker innerer stimme
und zwangen ihre geister,
ihnen zuzuhören

und es gab geister,
immer und zu allen zeiten,
die nie vergaßen,
wer der erstgeborene war
und zollten ihm ehrfurcht,
denn sie erkannten,
dass seelen nicht nur uralt,
sondern an weisheit
den gedanken der geister
überlegen sind
und mit einer stimme sprechen,
die nicht herrschen,
sondern gehört werden will.

*und wenn geister
der inneren stimme der seelen lauschen
ist ihr tun beseelt
und wenn seelen
von lauschenden geistern
gehört werden,
sind sie begeistert.*

*

An Dich

meine seele gibt sich mit dem zufrieden,
was ist.
sie findet immer wege,
dich zu erreichen,
egal, wo du bist,
weil sie fantasie hat und träume.

mein denken will genau wissen,
wo du bist, was mit dir ist.

warum?
weil mein denken
sich auf dich bezieht.
es hat dich zum ziel,
dich als lebendigen,
denkenden menschen.

und wenn du als denkender mensch
nicht mehr erreichbar bist,
dann sucht mein denken dich,
weil es dich ansprechen
und von dir angesprochen werden will.
mein denken hat hunger,
du gabst ihm zu essen.

wenn mein denken dich nicht erreicht,
ist es in aufruhr
und sucht nach möglichkeiten,
dich dennoch zu erreichen.
mein denken hat eine gute nase,
es wittert.   >

<   es macht sich sorgen um dich,
                es zweifelt und hofft.

                mein denken fragt *s i c h,*
            weil es keine antworten von dir bekommt,
                keine gegen(über)worte,
                keine gegenrede.

                es stößt ins leere
            und sucht die antworten in sich selbst,
                es führt selbstgespräche, mit dir,
                die du in mir bist.
                ich habe mit meinem denken
                deine worte gefühlt.

                mein fühlen
            ist die berührung deiner worte
                mit den fingerspitzen
                der hände meiner seele.

                mein denken
                sind worte
                der inneren stimme,
            mit den händen der seele geformt
                aus ton und greifbar

                die hände meiner seele
                ergreifen die worte,
                die deine seelenhände
                mir zu denken geben.

                deine worte
                berühren mich.

Ich suche Dich

von nirgendwo nach überall
wandelst du auf regenbögen, -
brücken gleich.

ich seh' die bögen selten nur,
niemals enden sie
in meinem kleinen reich.

von dort nach dann, von jetzt nach hier
führen alle deine spuren,
-samtenweich

ich suche dich und find' dicht nicht,
sag, wo bist du hingegangen?
schläfst du jetzt?

bist du nicht da, dann sorg ich mich,
frag mich zweifelnd,
hab denn ich
dich sehr verletzt?

ich schau nach dir, zu oft, glaub ich,
kann nicht warten, bin getrieben,
abgehetzt.

*

Dahinter

ich bin ein träumer.
mein geträumtes leben
ist mein zweites leben
hinter dem vorhang der wirklichkeit,

ich bilde mir
aus abbildern der wirklichen welt
eine innere welt,
die ich nach meinem willen forme.

ahnung
ist wie mahnung.
wenn ich die ahnung
leben würde,
wäre ich perfekt.

*

Erkenntnisse I

die würde des mannes:
für eine nacht mit dir
würde ich für dich
die sterne vom himmel holen.

*

-psyche ist der tummelplatz
ungelebter gefühle.

*

-wer seine individualität
während des lebens überwindet
oder vergisst, stirbt leichter.

*

ein kapitalist ist ein mensch,
der andere bescheißt,
ohne juristisch ein betrüger zu sein.

*

Erkenntnisse II

parlamentarier haben keine wirkliche macht.
sie vernebeln durch schwätzen.
wenn ich ihre macht an waffen messen würde,
würde ich ihnen noch nicht einmal
die gewalt einer knallerbse zubilligen.

der lange marsch durch die institutionen
ist deswegen so unangenehm und qualvoll,
weil es den marschierenden das aufgeben
seines gesellschaftskritischen standpunktes kostet.

*

ich betrachte mein leben
nicht als eine laufbahn oder leiter,
sondern als schlangenlinie,
voller wellen, wendungen und windungen,
ich bin wege gegangen und umwege.

ein direktes ziel hatte ich nie vor augen,
es ergibt sich immer aus dem augenblick.

ich bin nicht ehrgeizig,
sondern zielstrebig aus lust.

meine kreativität hat mich immer begleitet,
wo ich auch war,
was auch immer ich getan habe.

bild und sprache
sind meine geliebten ausdrucksformen,
mit der sprache denke ich,
mit der bildnerischen gestaltung bin ich.
*

Falsche Versprechungen

Die Anerkennung
der Grenze des Lebens bedeutet,
einverstanden zu sein mit dem Tod.
Es gibt keine Grenzüberschreitung,
weder mit Pass noch ohne.

Wenn jemand verspricht,
er könne Pässe vergeben
zur Überschreitung der Grenze des Lebens,
dann ist er ein Lügner.

Er kann das nur versprechen,
weil noch nie jemand von jenseits
dieser Grenze zurückgekommen ist
und berichten könnte,
wie es dort gewesen ist.
Die Hoffnung will keine Beweise,
denn:
Beweise strafen
falsche Versprechungen Lügen.

Falsche Versprechungen
können nur dann Hoffnung geben,
wenn sie nicht beweisbar sind.

*

Trotzdem

Ja, ich weiss, die Luft ist dreckig,
Seen, Flüsse und Meere sind es auch;

es gibt ein Ozonloch,
radioaktiven Müll, das Waldsterben
und vom Aussterben bedrohte Tiere und Pflanzen;

Ja, ich weiss, ein Drittel der Menscheit hungert,
Millionen haben Aids
und andere unheilbare Krankheiten,
und in Kriegen sterben Unschuldige.

Es gibt Folter,
die Würde des Menschen *ist* antastbar,
Politiker sind entweder hoffnunggslose Idealisten,
Schwätzer oder Marionetten des Kapitals.

Ja, ich weiss, der Tod wird auch mich ereilen,

aber trotzdem freue ich mich des Lebens.

*

für jenny

die mauer trennt-
Sie brennt
an der hand,
die steinerne wand.

das feuer in ihr
gibt wärme dir.

und du weißt,
dass von der anderen seite
die wand berührt der zweite
mensch, der dich gezeugt,
der gramvoll sich zur mauer beugt-
und vater heisst

*

...als wär es so gewesen

Traurig ist Deine Seele,
bedroht vom Ungeheuer.

Und doch gibst Du
mit viel Geschick, Geduld
und klarem Blick
einer anderen Seele
eine schöne Erinnerung
an ihre Kindheit.

Die Wiege dieser anderen Seele
wurde vom Krieg zerstört,
sie war kein Himmelbett
sie stand weder im Wald
noch schien der Mond
auf sie herab.
Bomben fielen vom Himmel,
Trümmer blieben zurück.

Angst, Flucht und Alleinsein
wiegten sie in Unsicherheit.

Doch Du legtest sie
in Deinem Traum
in eine Himmelwiege,
und sie erinnert sich,
als wär's so gewesen.

*

Woran ich es erkannte

Ich habe gesucht
und wusste nicht, was.
Ich glaube,
ich wusste nicht einmal,
dass ich suche.

Ich fand vieles,
von dem ich nur wusste:
das ist es nicht,
und jenes ist es auch nicht.

Bis ich fand,
von dem ich wusste:
das ist es!

Ich erkannte es nicht
an seinem Klang,
an seiner Farbe,
an seiner stofflichen Beschaffenheit
und auch nicht an seiner Form.

Ich erkannte es an meiner Begeisterung.

*

Mein Glaubensbekenntnis:

ich glaube,
dass jeder Mensch
aus sich das Bestmögliche macht,
egal, wie die Bedingungen sind,
die er bei der Zeugung,
Geburt, Erziehung und in seiner kleinen
und grossen Umwelt vorfindet.

Die Natur in uns ist so geartet, wie überall auch:
Sie arbeitet mit dem vorgefundenen Material
und macht das Beste daraus.
Nur unsere Betrachtung durch die moralische Brille
macht aus dem einen das Gute,
aus dem anderen etwas Schlechtes.

*

Zufrieden

Geschafft den ganzen Tag,
was ich zu tun vermag:

Hier gewerkelt, da geflickt,
geschaufelt, gekehrt,
und oft gebückt.

Eimer gefüllt, Eimer geleert,
gehämmert, gerichtet,
manches verkehrt.

Dies hier noch gedichtet.
Feierabend nun,
bin zufrieden mit meinem Tun

*

Märchen

Der Traum unter der Linde

Es ist schon lange her, als ein Zimmermannsgeselle in seine Zunftkleidung schlüpfte, seinen Stecken nahm, daran sein Bündel mit Wegzehrung und dem wenigen notwendigen Zeug knüpfte und auf Wanderschaft ging, um bei diesem und jenem Meister die verschiedenen Fertigkeiten seines Handwerks zu vervollkommnen. Ein Beutel mit ein paar Goldtalern steckte wohlverwahrt in seinem Hosensack, er hatte sie sich in den beiden Gesellenjahren, die er nach seiner Lehrzeit in dem väterlichen Betrieb verbrachte, von seinem kargen Lohn für die kommende Zeit abgespart. Sein Vater gab ihm bei der Abreise noch etwas dazu, und so zog er guter Dinge und mit einem Lied auf den Lippen von dannen.

In der ersten Zeit bekam er Anstellung bei einem Meister, der den Auftrag hatte, eine große Fabrikhalle, wie sie jetzt überall wie Pilze aus dem Boden schossen, mit einem Dach zu versehen. Aber diese Arbeit befriedigte ihn nicht, obschon sein Geldsack dabei immer mehr anschwoll. Er war sehr sparsam, vertrank seinen Lohn nicht im Wirtshaus, wie so manch anderer und hatte auch nichts übrig für Vergnügungen anderer Art.

Als die vereinbarten zwei Jahre vorüber waren, bot er sich einem Wagner an, der ihn auch bereitwillig nahm. Der Wagnermeister hätte zwar einen Gesellen seines Fachs gebraucht, aber da er keinen fand, nahm er mit dem Zimmermann vorlieb.

Das Wagnerhandwerk unterscheidet sich zwar sehr von dem des Zimmermanns, aber das zu bearbeitende Material und die Grundfertigkeiten sind die gleichen, und Geschicklichkeit wird beiden abverlangt. Der Geselle war geschickt und lernte sich schnell ein, besonders in die viel größere Genauigkeit, mit der hier gearbeitet wurde. Er bekam zwar nicht den Lohn eines ausgebildeten Wagnergesellen, aber er wollte ja vor allem dazulernen.

Als auch diese beiden Jahre, die abgemacht waren, zuende gingen, ließ er sich auszahlen und wanderte weiter.

In einer Dombauhütte wollte der Dombaumeister den Wanderburschen für zwei Jahre einstellen, aber auch wieder nur für einen geringen Lohn, weil es hier viel zu lernen gäbe und eine Beschäftigung an diesem Bau ein gutes Zeugnis sei. Er willigte ein, und als die beiden Jahre vergangen waren, hatte er guten Einblick und Übung bekommen in den für einen Dombau notwendigen Holzarbeiten, wie Gerüstbau für Kuppeln, große und dicke Mauern, Dachstuhl und -Gerüst für Spitztürme und dergleichen mehr.

Jetzt, dachte er, habe er genug gelernt und sei es an der Zeit, wieder in Richtung Heimat zu wandern, er fühlte sich vielseitig ausgebildet und wollte bald den Meisterbrief in seiner Heimatstadt erlangen. So begab er sich also dorthin, nicht zuletzt deshalb, um sein väterliches Erbe anzutreten. Er hatte über die Postkutschen hin und wieder brieflichen Kontakt zu seinen Eltern und wusste, dass es ihnen zwar soweit gut ging und sie versorgt waren, aber sie doch, durch das zunehmende Alter und den Verschleiß der Kräfte, besonders des Vaters in seinem Berufe, nicht mehr so tüchtig waren wie früher, kurz, der Geselle erfuhr, dass sein Vater den Betrieb an seinen Sohn weiterzugeben wünschte.

Als er so dahinschritt, in Gedanken an zuhause versunken, beschienen von der Sommersonne, sah er von Weitem schon vor einem Dorf auf einem freien Platz eine starke, große, mehrere Jahrhunderte alte Linde stehen, deren untere Äste durch Fichtenstangen abgestützt waren. Sie winkte ihn mit ihren Blättern und Zweigen und mit ihrem bezaubernden Blütenduft

herbei, lud ihn ein, unter ihrem Dach für eine Mittags-
rast zu verweilen.

Er war auch wirklich vom Wandern müde geworden,
legte sein Bündel ab und sich selbst unter den Baum,
den Kopf auf sein Wamst, das er über eine dicke Wurzel
breitete und schaute von unten hoch in das dichte Blät-
terdach, in dem es summte und brummte wie in einem
Bienenstock.

Der Geselle war eingehüllt von dem Geräusch und
dem Duft und so kam es, dass seine Sinne dahin-
schwanden und sanft in das Traum-Paradies des recht-
schaffen müden Wanderers hinüberglitten. Als er einge-
schlafen war, träumte ihm ein wunderschöner Traum:

*Er war unterwegs zu einem Gasthaus. Als er dort an-
kam, trat er ein, grüßte, legte sein Bündel auf die Bank,
den Stock daneben und setzte sich an einen Tisch mit
einer sauberen Decke. Da kam ein junges Mädchen zu
ihm, mit hübschen, freundlichen, offenen und lebendigen
Augen, aus denen die Kraft und Begierde der Jugend
schaute und fragte ihn nach seinem Begehr. Er bestellte
Speis und Trank und nach einer Weile bekam er den er-
betenen Schoppen und etwas später das Hausgericht.
Schon beim ersten Anblick konnte oder mochte er seine
Augen nicht von diesem Mädchen abwenden und auch
während des Essens schaute er mehr auf diese hübsche
Gestalt mit ihrem dunkelblonden Haar als auf sein Es-
sen. Das Mädchen sah ihn auch einige Male an, etwas
scheu und gleich wieder wegguckend, aber als sich ihre
Blicke doch einmal trafen, errötete es und blickte schnell
weg, während er wieder auf seinen Teller schaute, ein
paar Bissen nahm und gleich wieder den Kopf zu dem
Mädchen wandte. Sein Herz begann heftig zu pochen.*

Dass er sich im Traum in ein Mädchen verliebte, ent-
sprach seinem bisherigen Leben, denn nie hatte er die
Gelegenheit wahrgenommen, an einem Dorffest oder

einer Kirchweih teilzunehmen, ein Mädchen zum Tanz zu bitten, zu sehr war er mit seinem Handwerk beschäftigt und bemüßigt, sein Geld beisammen zu halten. Auch war er von daheim nicht an den Umgang mit Frauenzimmern gewöhnt, in seinem Gewerk hatte er nur Männer kennengelernt, eine Schwester hatte er nicht, und seine Mutter kannte er als eine sich abrackernde Hausfrau.

Die Schönheit und Anmut eines Mädchens hatte er nie so richtig wahrnehmen können und daher war seine Begierde nur sehr langsam und ohne dass er es wusste, gewachsen, bis sie ihm in diesem Traum zu Bewusstsein kam. Wohl hatte er hin und wieder eine unbestimmte Sehnsucht gespürt, aber nie genau gewusst, welcher Art sie war und wie er sie hätte stillen können. So kam es also, dass er im Schlaf zum ersten Mal das Gefühl von Verliebtsein erlebte. Das war wohl dem Lindenbaum, seinem lieblichen Duft und Gesumme zu verdanken.

Plötzlich wurde er unsanft von Hundegebell geweckt. Ein Dorfköter kläffte in Steinwurfweite um ihn herum. Er nahm ein Stück Brot aus seinem Bündel und hielt es ihm hin. Nicht gewöhnt, dass Menschen ihm zu fressen gaben, kam der Hund näher, bis die Begierde größer wurde als die Angst, und er nach dem Brot schnappte und es wegschleppte.

Der Geselle rieb sich die Augen, nahm seine Sachen und wanderte weiter. Es war gegen Mittag, als er durch ein Dorf kam, wo er nach einem Gasthaus fragte. Man wies ihn auf das nächste Dorf, dort gäbe es eines mit dem Namen „Zum Schwanen", direkt am See, er könne es gar nicht verfehlen.

Am frühen Abend kam er dort an, klopfte sich den Staub von den Kleidern und Schuhen, kämmte sich mit den Fingern durchs Haar und trat in das Gasthaus, einen stattlichen Fachwerkbau, wunderschön gelegen, der See spiegelte die Sonne, die zwischen Ästen von großen Bäumen hindurchschimmerte und es glänzte und glitzerte auf den kleinen Wellen, die die Schwäne und gründelnden Enten verursachten.

Um diese Zeit war das Wirtshaus noch leer, die Bauern und Knechte schafften noch bis in den späten Abend auf den Feldern und Wiesen und trafen sich erst danach, wenn überhaupt, zum Trunke und Schwatzen. Die Postkutsche war schon vorbeigefahren, Reisende, die hier logierten, kamen erst gegen Abend zum Essen. So befand er sich also alleine in dem Gastraum.

Die Wirtin, eine ältere Frau mit faltigem Gesicht, strengen Zügen darin und einem Knoten über dem Nacken, hatte eine Schürze umgebunden, an der sie sich gerade die Hände abtrocknete. „Grüß Gott, Frau Wirtin", sagte der junge Mann, „ich bin hungrig, gibt es denn schon etwas zum Abendessen?" „Ja, freilich", gab diese zurück, „setzen Sie sich doch."

Er nahm dort Platz, wo er auf den See schauen konnte. Die Wirtin legte ein Tischtuch auf, dann blickte sie ihn erwartungsvoll an. Er wollte die Aussicht auf den See und den ausklingenden Tag mit dem schönen Traum genießen und bestellte daher zu Hausgemachtem mit Spätzle und Salat einen Schoppen Wein. Als sie ihm den Wein serviert hatte, machte sie sich in der Küche zu schaffen. Er beobachtete draußen auf dem See einen Fischer, der aus seinem Kahn heraus angelte. Ein Reiher flog auf und schwang seine großen Flügel langsam und bedächtig auf und nieder und segelte davon.

Wie erstaunt war der Geselle jedoch, als plötzlich ein hübsches Mädchen in einem frischen, sauberen, ebenso hübschen Kleid ihm seine Speise auftrug, eine gesegnete Mahlzeit wünschte und hinter dem Tresen verschwand, wo es Gläser und Flaschen ordnete. Es mochte wohl um die sechzehn, siebzehn Jahre alt sein, hatte dunkelblondes Haar, das hinten zu einem Zopf zusammengeflochten war, -in die Stirn war eine Strähne gefallen-, lebendige, freundliche Augen, eine sanft geschwungene Nase, die in einem kleinen Stubs endete, und gut durchblutete Wangen. Volle, kräftig rote Lippen zeugten von frischer, blühender Jugend. Ab und zu schaute es zu dem Gast herüber, um ihm, falls er etwas begehrte, dienlich zu sein.

Beim Anblick des Mädchens erinnerte sich der Geselle an den Traum, und plötzlich schien ihm, als sei zwischen diesem und dem Hier und Jetzt kein Raum, keine Vergangenheit, als sei er noch mitten darin und er blickte das Mädchen mit dem selben Gefühl an, welches er unter dem Lindenbaum hatte, als er sich in sein Traummädchen verliebte.

Als ob er noch weiter träume, schaute er zum Tresen, blickte geradewegs der dort Beschäftigten, die auch gerade zu ihm blickte, in die Augen und verliebte sich auf der Stelle in dieses leibhaftige Wesen, das nun dort wie im Traum vor ihm stand. Kein Hund kläffte ihn an, schreckte ihn auf, kein Lindenbaum war über ihm, er saß wirklich in einer Wirtsstube, aß und trank und war verliebt in ein leibhaftiges Mädchen.

An der Wand hinter dem Tresen war ein großer Zettel angebracht, auf dem geschrieben stand, dass gerade heute, an diesem Tag, am See ein Fest stattfände, er hatte die Bänke und Tische auf seinem Hergang gar nicht bemerken können, da sie durch das Gasthaus verdeckt waren, und so kam dem Gesellen der Gedanke, dass er an diesem Fest teilnehmen und die Wirtstochter, wenn die Zeit es ihr erlaubte, zu einem Tanz auffordern könnte. Er hatte von den Gesellen am Dom und bei den Fabrikgebäuden gehört, dass sie es so machten und dass alle Liebschaft so anfing.

Also wagte er sich vor an den Tresen und fragte etwas zögerlich, aber doch guten Mutes und auch ungeachtet dessen, dass sie vielleicht schon eine Verabredung hatte, ob er sie heute Abend zu einem Tanz auffordern dürfe. Dabei schaute er ihr in ihre schönen Augen, die sie bei seinem offenen Anblick senkte, bevor sie ihm eine Antwort gab. Auch strömte ein wenig mehr Blut in ihre ohnehin schon roten Wangen, zugleich stand Sehnsucht und Bedauern in ihrem Gesicht geschrieben. „Es geht nicht, ich muss beim Ausschank helfen." Dann drehte sie sich ruckartig um und verschwand in der Küche

Der Gast war zurück an seinen Tisch gekehrt und hörte jetzt einen Hund draußen vor dem Fenster bellen, der mit ein paar Leuten, den ersten Festbesuchern aus dem Dorf, unterwegs war und erinnerte ihn an das Gebelle in seinem Traum, das diesen so unsanft beendet hatte. War sein Traum nun aus und vorbei?

Nach einer geraumen Zeit, der Gast schickte sich gerade an, seine Zeche zu zahlen, kam das Mädchen mit verweinten, aber strahlenden Augen aus der Küche, geradewegs auf den jungen Mann zu und verkündete: „Meine Mutter hat mir für die zweite Stunde frei gegeben, derweil wird die Magd aushelfen. Wenn Sie noch den Wunsch haben, mich zum Tanze zu führen, dann möchte ich gerne zustimmen."

Wie glücklich war er da! Sein Herz hüpfte vor Freude, dass ihm das Blut bis hinauf zu den Ohren schoss. Er wagte kaum, einen Dank auszusprechen vor lauter Erregung, griff in seinen Beutel, zahlte, gab ein gutes Trinkgeld und verabschiedete sich mit einem „Auf bald", ging hinaus zum Festplatz und suchte sich auf einer der Bänke das schönste Plätzchen aus.

Inmitten des Platzes stand eine ebenso große und blühende Linde, wie die, unter der er geträumt hatte. Die Bienen, Käfer und das andere kleine, fliegende Getier summte und brummte darin herum, der Lindenduft hüllte den ganzen Platz ein und an den unteren Ästen waren Laternen angebracht. Auf den Bänken saßen erst Wenige. Bald kam die Musik, legte ihre Instrumente zurecht, die Wirtin zündete die Laternen und das Feuer unter dem ersten Spanferkel an, ihr Mann, der Wirt, drehte den Spieß, die Wirtstochter, die frische Liebe des

Gesellen, stellte sich hinter den Ausschank und bereitete alles vor.

Es dauerte nicht mehr lange, da kamen hier und da ein paar Gäste, dann wurden es immer mehr, und als die Musik einsetzte, strömte Jung und Alt, Knecht, Magd, Bauer und Bäuerin aus dem Dorf herbei. Nach einer Weile ging das erste Paar zur Tanzfläche, andere folgten und nach ein paar steifen Schritten und ein paar Schlucken Wein oder Bier wurde alles lebendiger, geschmeidiger, lustiger, fröhlicher und bald war auch die Stunde des Gesellen gekommen, die zweite, in der seine Geliebte frei bekommen hatte.

Plötzlich fiel ihm ein, dass er ja das Tanzen nie gelernt hatte, aber, so dachte er, das wird die Welt nicht sein, anfangen muss ich ja einmal, sie würde es ihm schon zeigen. Er war keiner von denen, die nicht Schwäche zugeben konnten. Am Ende der ersten Stunde nun kam sein geliebtes Mädchen an seinen Tisch. Kaum hatte sie sich hingesetzt, als er ihr gestand, dass er gar nicht tanzen könne. Sie schaute ihn erst zweifelnd an und sagte dann kurz: "Jeder hat mal angefangen, komm, ich zeig's dir", nahm ihn bei der Hand und führte ihn auf die Tanzfläche.

Sie waren ja nun nicht alleine dort, niemand achtete auf sie, bis auf ein paar Burschen, die es auch auf die Wirtstochter abgesehen hatten, von denen er aber nichts wusste, und so brauchte er sich also nicht zu genieren, als sie ihn die ersten Schritte lehrte. Bald, auf den Flügeln der Liebe und des Weines, tanzte er im siebten Himmel und nach einer Weile noch weiter hinaus, bis niemand sie mehr sehen konnte, wie sie sich umarmten und küssten, genau wie in dem Liebesroman, aus dem ihm mal ein Zimmermannsgeselle in der Domhütte während des Baues vorgelesen hatte. Am anderen Morgen war er schon früh aufgestanden, er hatte die Nacht über Logis in dem Gasthaus genommen und war nach einem heißen Malzkaffee und einem Butterbrot zum Aufbruch bereit. Der Wirtstochter war aufgetragen, die frühen Gäste zu bedienen und so trafen sie sich also in der Gaststube. Während der Nacht hatte der Geselle seine Gedanken, die von der Liebe und dem Wein ein wenig beiseite geschoben worden waren, überdacht und geordnet und einen Entschluss gefasst, den er nun dem Mädchen in der Gaststube mitteilte:

Anna, mein liebes Mädel, ich verlasse dich jetzt, übers Jahr bin ich wieder hier, wenn der See aufgetaut ist. Ich muss zuhause den väterlichen Betrieb übernehmen und verschiedene andere Angelegenheiten regeln. Ich bitte dich, bis dahin auf mich zu warten. Ich komme und werde, wenn du es auch so willst, bei deinem Vater um deine Hand anhalten". Sie küssten sich zum Abschied, sagten sich Lebewohl, und darauf zog er von dannen, dem Vaterhaus entgegen.

Übers Jahr kam er zurück, bat beim Wirt um die Hand der Tochter, und, da er einen wohlgefüllten Beutel, ein gutes Handwerk und eine Erbschaft vorzuweisen hatte, willigte der Vater ein und gab ihm seine Tochter zur Frau. Der Geselle führte sie heim und dort feierten sie Hochzeit.

*

Zauberrhythmus

Vor vielen, vielen Jahren lebte einst in einem Wald ein uralter, weiser Zauberer. Der Wald war voll hoher, starker Bäume, deren Kronen sich zu einem dichten Dach zusammenschlossen, sodass kein Sonnenstrahl hindurchschlüpfen konnte.

Nur Menschen, die mutig, unbeirrt und voller Selbstvertrauen den Weg zum Zauberer schritten, konnten zu ihm gelangen. Schon manch einer hatte sich verirrt, weil er zauderte oder in Panik geriet. Manche gar fanden nie mehr heraus und starben einen jämmerlichen Tod.

Die Leute in der Gegend rieten jedem Wagemutigen von seinem Vorhaben, den Zauberer zu suchen, ab, und der Wald wurde von ihnen gemieden wie die Pest. Doch es gab auch solche, die ihren Weg fanden, wenige nur.

Eines Tages trug es sich zu, dass ein kleines Mädchen mit dunklem Schopf und hellem Stimmchen fröhlich an den Feldern vorbeistapfte und schnurstracks auf den Wald zueilte. Ein Bauer kam ihm entgegen und fragte: „Wo willst du denn hin, mein Kind?" „Zum Zauberer natürlich," erwiderte das Mädchen mit einem kindlichen Lachen, als ob es auf dem Weg zur Großmutter sei.

Entsetzt riss der Bauer Mund und Augen auf und war ersteinmal sprachlos. Als er seine Sprache wiedergefunden hatte, schüttelte er heftig den Kopf. „Was, wohin willst du, in den Bannwald? Nein da darfst du nicht hin, das ist viel zu gefährlich, nein, du musst nach Hause, zu deinen Eltern, geh heim, das hier ist nichts für kleine Kinder!" Und er machte dem Mädchen tüchtig Angst, dass es sich verzagt umdrehte und in die Richtung schlich, aus der es gekommen war. Der Bauer schüttelte noch die ganze Zeit den Kopf, und abends, als er am Tisch von seiner Begegnung mit dem Kind erzählte, wollte ihm keiner so recht glauben. Indes war das Mädchen einige Schritte zurückgegangen und stehen geblieben.

In seinem Herzen verspürte es einen unwiderstehlichen Drang, abermals zum Wald zu laufen, um zum Zauberer zu gelangen. Die Worte des Bauern waren nicht tief zu ihm hinein gedrungen und so waren sie bald vergessen. Mutig schritt es daher nach kurzem Zögern erneut auf den Waldrand zu.

Als es die ersten Bäume erreichte, neigte es sich ein wenig, um in das Dunkel des Waldes hinein zu schauen, und siehe da: ein Lichtstrahl kam aus dem Inneren der Nacht herausgefunkelt und setzte sich genau vor seine Füße. Er bewegte sich vor und wieder zurück, und flackerte dabei ein wenig, als ob er sagen wollte, komm folge mir! Das Mädchen verstand das Zeichen, setzte erst einen Fuß in den Wald und dann den anderen und schritt so langsam in den Wald hinein, immer dem Lichtstrahl folgend, der ihm den Weg wies. Als es eine gute Weile gegangen war, wurde das Licht schwächer, glimmte nur noch, bis es ganz erlosch.

Aber keineswegs hatte das Mädchen jetzt Angst vor der Dunkelheit, es wollte ja zum Zauberer gelangen und war voller Vertrauen. Es setzte sich auf den weichen Waldboden, bedankte sich bei dem Licht, spähte in die Dunkelheit hinein und horchte in die Stille. Keine Tiere lebten hier, kein Vogel flog und zwitscherte, nur hoch oben wogten die Kronen im ewigen Nachtwind und nichts war zu vernehmen als ihr unaufhörliches Rauschen.

Da, plötzlich hörte es ein leises Zischen. Das Geräusch entfernte sich, kam zurück und verschwand wieder, dann war es wieder nah. Das Mädchen stand auf und folgte dem Zischen, bis dieses immer leiser wurde und ganz verstummte. Wieder ruhte es aus, und kaum waren ihm vor Müdigkeit die Augen zugefallen, als seine Nase einen Duft schnupperte, der so ganz anders roch, als der modrige, feuchte, erdige, pilzige, mit Laub und morschen Ästen bedeckte Waldboden. Die Gerüche von frischem Gras und würzigen Kräutern schwebten durch die Lüfte, es roch nach Sommer und Heu und getrocknetem Steinklee. Das Mädchen sog den Duft ein und wurde so wach davon, als ob es eben erst von zu Hause losmarschiert sei. Auch die Duftwellen machten durch Kommen und Gehen deutlich, dass es ihnen folgen sollte, und so tat es das auch. Ganz langsam schwebten die Wohlgerüche vor ihm her, bis auch sie immer schwächer wurden und es wieder nach modrigem Waldboden roch. Jetzt jedoch war das Mädchen an eine große Lichtung gekommen, wo es sich auf ein Moosbett niederließ und bald einschlummerte.

Da kam vom blauen Himmel über der Lichtung ein Vöglein herbeigeflogen, überbrachte einen Gruß von der Sonne und zwitscherte dem schlafenden Kind einen süßen Traum ins Ohr. In diesem Traum erschien ihm ein murmelndes Bächlein, auf dem ein grünes Ahornblatt schwamm und sich wie ein Floss schaukeln und treiben ließ. Auf dem Blatt saß ein ganz, ganz kleines Kind und winkte und lachte und freute sich über die Fahrt.

Als das Mädchen wach wurde, stand es auf und ging suchend umher, bis es die Mitte der Lichtung erreichte. Ein Sonnenstrahlenmeer leuchtete in das große, grüne Rund, Tautropfen glitzerten wie Sterne, Spinnennetze durchzogen das Licht mit ihren zarten Saiten, schwankten und schwebten im frischen Wind, und rote Beeren leuchteten wie kleine Kugeln. Das Mädchen kniete nieder, schloss die Augen und ließ seine Hände sanft über den Erdboden gleiten. Es fühlte, wie sich die Gräser zur Seite neigten und eine kleine Quelle freigaben, deren Plätschern hell wie Glockenklang ertönte und deren Wasser sich klar wie Kristall durch das schmale Bett schlängelte.

Als das Mädchen die Augen öffnete, sah es ein Blatt daherschwimmen, und da geschah es aufeinmal, dass es seinen eigenen Traum erlebte, ganz klein wurde, auf das Blatt stieg und sich von dem munter kullernden

Bächlein dahintreiben ließ. So ging es wieder eine ganze Weile durch die Lichtung, bis es dunkel wurde und es in den Wald gelangte.

Bald wurde der Bach größer, kleine Seitenbäche schlossen sich an, vereinten sich zu einem Fluss. Das Blatt war jetzt ganz klein in diesem Strom und es schnellte dahin wie ein winziges Floss, drehte sich in Wirbeln und wankte. Das Mädchen hatte sich ganz flach niedergelegt und hielt, ohne Angst zu haben, den Blattstängel umklammert. Es wusste, wohin es wollte, dass es auf dem richtigen Weg zum Zauberer war, und das gab ihm Sicherheit.

Bald aber gab es ein Tosen und Donnern, immer näher kam es, immer näher und immer lauter wurde das Tosen, bis ein gewaltiges Dröhnen erscholl.

Plötzlich wurde das Mädchen vom Blatt gerissen und kopfüber durch die schäumende Gischt gewirbelt. Etwas Glitschiges berührte seinen Körper, eine Flosse bot sich ihm an und ein Fischrücken schwamm zwischen seine Beine. Das Mädchen verstand auch dies, umklammerte den Fischleib, und schon schoss es wie ein Pfeil durch die tosenden Wassermassen, den Kopf immer in der Luft, bis das Getöse sich mehr und mehr beruhigte.

Je ruhiger es wurde, desto heller wurde es und schließlich mündete der Fluss in einen großen See, der mild und weich in einem Tal ruhte und über dem die rotglühende Sonne sich zur Nachtruhe senkte, um ihre letzten leuchtenden Strahlen in den Spiegel zu tauchen.

Das Mädchen spürte eine starke Kraft in seinem Herzen, das heftig zu pochen begann. Der Fisch schwamm noch eine kleine Weile, setzte es am Ufer einer Insel ab und verschwand. Kaum hatte es sich beim Fisch bedankt, als das Mädchen auch schon wieder groß wurde und eine wohlige Wärme seinen Leib umhüllte, so, als ob Vater und Mutter es gleichzeitig lieb umarmten, nur noch viel, viel wärmer und wohliger. Es schloss seine Augen und Ohren, spürte nur diese Wärme und merkte gar nicht, dass mit einem Mal der Zauberer vor ihm stand.

Als das Mädchen seine Lider hob und dem Zauberer in die offenen Augen blickte, war dem Kind, als ob es jemandem begegnet sei, den es in seinem Innersten schon längst gefunden hatte, den es schon lange kannte und der ihm schon längst vertraut war. Die Augen des Zauberers schauten mild und sanft und er nahm das Mädchen bei der Hand und führte es zur Mitte der Insel.

Ein fröhliches Treiben war dort: es wurde getanzt, gesungen, gelacht, musiziert, gemalt, geschrieben und allerlei lustiges Spiel getrieben. Es gab welche, die Märchen erzählten, und welche, die gespannt lauschten. Manche sprangen wie Rehe über die Wiese und wieder andere lagen unter einer duftenden Linde, schauten in den Himmel und lauschten dem Summen der Bienen, die emsig den Nektar der Blüten sammelten.

Der Zauberer führte das Mädchen noch ein Stück weiter und auch da ging es nicht gerade traurig zu, dort nämlich wurde die Ernte eingebracht. Das war ein Pflücken und Schneiden, ein Sammeln und Lesen, ein Spiel und ein Spaß. Lieder und muntere Reden begleiteten die Arbeit, da war keiner, der sein Werk nicht gerne verrichtete!

Und noch weiter führte der Zauberer das Mädchen, bis sie in ein Dorf kamen, wo eifrig gekocht und gewebt, gebastelt und gewerkelt wurde, gebaut und getragen, gestampft und zubereitet. Lachen erscholl aus den Hütten und dem Mädchen hüpfte das Herz vor Freude. „Bitte, bitte, lieber Zauberer, ich möchte hier bleiben" bat es den alten, weisen Mann. Der erwiderte: „Du hast dich geöffnet und deinen Weg gefunden".

Kaum hatte er diese Worte gesprochen, da war er auch schon verschwunden. Das Mädchen blieb auf der Insel und erfreute sich mit den anderen zusammen seines Lebens.

*

Das Märchen von den Murmeltieren

Es war einmal eine Murmeltierfamilie, Vater Murmel, Mutter Murmel und drei kleine Murmeltierchen. Der Herbst war noch nicht ganz vorüber, die Vorratshöhle war fast leergeknabbert, die Schlafhöhle war schon mit neuen Gräsern und frischem Moos ausgepolstert und Geäst und Gestein lagen schon vor dem Eingang bereit, damit er beim ersten Schnee schnell zugebaut werden konnte.

Und es kam dann der Winter, Schnee fiel. Papa Murmel rief seine Kinder zum Eingang, die wollten jedoch beim ersten Mal nicht hören, sie spielten nämlich gerade so schön Verstecken im Schnee.

Beim zweiten Rufen wurde Papa schon etwas energischer, aber erst beim dritten Mal kamen sie widerwillig angelaufen. Sie sollten helfen, das Eingangsloch zustopfen. Draußen schneite es gewaltig, der Wind pfiff über die Berge und sie mussten sich beeilen, um noch vor der Dunkelheit fertig zu werden.

Als die ganze Familie nach getaner Arbeit beim Abendbrot versammelt war, sagte Mama Murmel: „So, meine Lieben, wir wollen uns heute zum Winterschlaf hinlegen, der Eingang ist zu, das Bett ist vorbereitet". Vater Murmel murmelte noch: „Ich werde euch heute vor dem Einschlafen noch ein Märchen erzählen, das ich von eurem Onkel gehört habe, als ich neulich bei ihm war, also lasst uns nach dem Abendbrot in die Schlafhöhle gehen".

Und so begaben sie sich danach in die Höhle mit den Gräsern und dem frischen Moos, Papa und Mama legten sich als erste hinein und die Kinder kuschelten sich dazwischen, Fell an Fell. Als alles seinen Platz gefunden hatte und Ruhe eingetreten war, fing Papa Murmel mit dem Märchen an:

„Es waren einmal ein paar Menschen, die hatten sich zu Weihnachten in einer schönen, gemütlichen Stube zusammengefunden. Einer von ihnen las gerade ein Märchen vor und die anderen saßen oder lagen um ihn herum und lauschten. Das Märchen handelte von uns, von den Murmeltieren."

„Hahaha", lachte das Jüngste, „das sind ja wir!" Doch der Vater erzählte weiter: „Während des Vorlesens geschah es plötzlich, dass die Menschen sich in Murmeltiere verwandelten, und das kam so: ein Zauberer aus unserem Stamm wurde einmal während eines Sturmes mitten im Winter aus seinem Winterschlaf gerissen. Er musste sich eine neue Schlafhöhle bauen, weil seine alte von einem umgestürzten Baum zerstört worden war. Er selbst war dabei unverletzt geblieben. Beim Bauen der neuen Höhle musste er nach draußen, um im nahe gelegenen Wald Moos herbeizuschaffen, dabei beobachtete er ein paar Menschen und bemerkte, dass sie gar keinen Winterschlaf halten. Obwohl er selber in einer misslichen Lage war, bedauerte er sie sehr, denn er sah, dass sie froren und Holz sammelten. Und so verlieh er einem von ihnen, da er ja ein Zauberer war, für die Winterzeit Zauberkräfte. Diese sollten für ihn und alle, die in seiner Nähe waren, wirksam werden, sobald er an Murmeltiere und deren Winterschlaf dachte.

Dieser Eine, das war der, der den anderen gerade das Märchen von uns Murmeltieren vorlas und gerade an der Stelle, wo von uns und Winterschlaf die Rede war, verwandelten sich alle in Murmeltiere, wie wir es sind, krabbelten zusammen unter eine schöne warme Decke und hielten, so, wie wir jetzt es gleich tun werden, Winterschlaf. Der Zauberer hatte ihnen noch ein kleines bisschen Mensch gelassen, damit sie im Frühling, wenn sie aus dem Winterschlaf erwachten, wieder zurückfänden in ihr Menschsein. Und so liegen sie also wie wir beisammen und"...

Das Kleinste war schon eingeschlafen, Mutter Murmel folgte, sie war müde von der vielen Arbeit und Vater Murmel waren beim Wort „und" die Augen zugefallen. Bald waren auch die anderen Murmeltierkinder sanft hinübergewechselt in den Schlaf, aus dem sie erst im Frühjahr mit der Schneeschmelze erwachen würden. Mit ihren letzten Gedanken waren sie bei den Menschen, die da in der Stube gemütlich beisammen lagen unter ihrer Decke und, wie sie selbst, in Winterschlaf verfallen waren. Sie fühlten sich sehr mit den Menschenkindern verbunden.

*

Tiergeschichten

aus
Sprichwörtern und Redensarten

Liebe Leser,

ich habe Sprichwörter, geflügelte Worte, Redewendungen und geläufige Ausdrücke mit Namen von Tieren zu bestimmten Tieren gesammelt und daraus Geschichten gebastelt. Ich hatte einfach Bock, rumzuspinnen, weil ich mich dabei sauwohl gefühlt hab.

Das Ergebnis meiner Recherche und Fantasie möge Euch zum Schmunzeln bringen!

Das Rindvieh

In einem Kuhdorf, keiner weiß, warum ausgerechnet dort, fand einmal ein Kongress der Partei der Rindviecher statt. Von Weitem sah man schon das Motto, welches, weil es nicht auf *eine* Kuhhaut ging, auf zwanzig aneinandergereihte Kühe geschrieben stand, die den Auftrag hatten, stumm und still wie das liebe Vieh auf der Stelle stehen zu bleiben. Das Motto lautete:

NUR DIE ALLERDÜMMSTEN KÄLBER
WÄHLEN IHREN METZGER SELBER

Gekommen waren viele, manche von weit her, so z. B. eine Abordnung von jungen Stieren aus Stierberg im Fränkischen, ein Ochsengespann aus Ochsenfurt, und mehrere Rinder aus Rindern am Niederrhein. Auch aus einer Kleinstadt bei Essen kam eine Gruppe von Kühen, die stolz das Ortsschild „Kuhpferdreh" vor sich her trug, weil gleich drei Tiernamen darin enthalten sind. Allerdings hatten sie hinter das „u" mit ihrem Kuhschwanz ein „h" gepinselt, wo es nicht hingehört.

Für viele von ihnen war die Reise die reinste Ochsentour gewesen. Manche hatten unterwegs einen Kuhhandel abschließen müssen, weil ihnen das Heu ausgegangen war. Da mussten sie viel Milch gegen wenig Heu verkaufen. Fast alle waren sehr neugierig, als sie auf dem Versammlungsplatz angekommen waren, bis auf wenige, die von der langen Reise erst mal ein wenig verwirrt waren und wie der Ochs vorm Berg oder die Kuh vorm Scheunentor standen und nicht wussten, was sie hier sollten. Fast alle waren zur Feier des Tages geschmückt wie die Pfingstochsen.

Hauptredner war der Vorsitzende der Vereinigung der Hornochsen, der im letzten Jahr vom gesamten Rindvieh zum Präsidenten der Partei der Rindviecher gewählt worden war. Er war weder stur noch dumm wie ein Ochse, noch wild wie ein Stier, er hatte sich die Hörner schon abgestoßen. Auch tanzte er nicht um das goldene Kalb, war also nicht um irdischer Reichtümer wegen in die Partei eingetreten, sondern aus Idealismus. Seine Rede begann er mit:

„Sehr verehrte Frau Ehrenvorsitzende, (womit er die alte Kuh neben sich auf dem Ehrenplatz meinte) liebe Milchkühe, Ochsen, Stiere, Kälber, liebes Rindvieh! Wir sind heute zusammengekommen, weil wir Schluss machen wollen mit der viehischen Behandlung seitens der Menschen, die von der Behandlung des Viehes soviel verstehen wie die Kuh vom Sonntag. Wir wollen nicht mehr eingepfercht werden wie das Vieh, nicht mehr vor den Ochsenkarren gespannt werden, um ihn für die Menschen aus dem Dreck zu ziehen, wir wollen uns nicht mehr melken und unterjochen lassen, nicht mehr wie Vieh auf die Schlachtbank geführt und auch nicht mehr gemästet werden wie die Kälber!

Hier ertönte ein einstimmiges „Muh" und die Kälber brüllten wie die Kälber. Dazwischen brüllten Stiere und Ochsen gemeinsam: „Schluss mit Kastration und Stierkampf!". Auch wurden Transparente mit Forderungen entrollt:

„WIE DEM RIND DAS MUH, SO DEM KALB DIE KUH!"

„NEIN ZUR KÄLBERMAST, BAUERN AN DEN AST!"

„WIR WOLLEN NICHT VERWELKEN,
SCHLUSS MIT DEM MELKEN!"

„SOLLEN DOCH DIE OCHSENBAUERN
SELBER IN DEN BOXEN KAUERN!"

„SCHLUSS MIT RINDERPEARCING!"
„KEINE KUH FÜR NIEMAND!"

Es gab auch eine kuhmuhnistische Partei, die die Forderungen erhob: „Diktatur des Rindviehes über die Bauern!" Und: „Rindviecher aller Länder, vereinigt euch!"

Der Vorsitzende sprach dann weiter. Er nahm die Bauern verbal auf die Hörner, sprach von „Dreckstall ausmisten" , wetterte über den Menschenwahnsinn, der den Rinderwahnsinn erzeuge und über den Viehtransport. Bei diesem Wort wurde ein Transparent entrollt, und überall erscholl es in der Versammlung: „Viehtransport ist Mord!"

Da der Protest nicht enden wollte, bimmelte der Vorsitzende dreimal mit seiner Kuhglocke. Als es ruhig war, und er weiterreden wollte, erregte ein stiernackiger, bulliger Ochse, der aber, wie sich später herausstellte, ein Zuchtbulle war, die allgemeine Aufmerksamkeit, weil er eine bunte Kuh, von der es mehr als eine gab, belästigte. Die Ordnungspolizei, lauter Bullen, kreiste ihn ein, packte den Stier bei den Hörnern und band ihn fest. Endlich konnte der Vorsitzende weiterreden.

Während er sprach, spielten die Kälber „Blinde Kuh", und „Verstecken", wobei sie sich eines alten Abzählreimes bedienten: „Ich und du, Müllers Kuh, Müllers Esel, das bist du!" Aber manche zankten und rauften sich auch. Eine Kuh erkannte in einem der streitenden Kälber das Jüngste ihrer Nachbarin und sie dachte: „Ja, ja, Pfarrers Kinder, Nachbars Vieh geraten selten oder nie!" Ein Zwischenfall gegen Ende der Rede erregte alle Gemüter auf das Heftigste. Ein Fleischwagen der Stadtmetzgerei war ins Dorf gefahren. Er warb auf seiner Tür für Kaggi's Ochsenschwanzsuppe. Das gesamte Rindvieh begab sich dorthin, umstellte Wagen und Fahrer und deckte beide mit Kuhfladen ein. Der Fahrer stand ganz schön bescheiden da und stierte wie ein blöder Ochse vor sich hin. „Elendes Mistvieh!" schrie er dann wütend. Nach diesem Triumph wurde der Vorsitzende einstimmig wiedergewählt. Es redeten dann noch ein paar Vertreter von verschiedenen Abordnungen, einige trugen Grußadressen aus dem heimischen Stall vor und dann war die Versammlung beendet.

Der Kongress hatte Folgen: Verschiedene Proteste wurden auch unter den Menschen laut, und hier und da entschloss sich der eine und andere Bauer zur Umstellung auf Öko-Betrieb, mit der Absicht, Milch von glücklichen Kühen herzustellen.

*

Protokoll einer Redaktionskonferenz

In der Redaktionssitzung saßen ein Löwe, ein Specht, ein Papagei, ein paar Spatzen, ein Luchs und eine Schnecke. Die Sekretärin, eine Brillenschlange, protokollierte die Sitzung. Sie berieten die nächste Ausgabe des Tiermagazins: „Du und der Mensch"

Der Löwe, erster Redakteur, war etwas erregt, er stand unter Zeitdruck und brüllte: „Wenn wir in dem Schneckentempo weitermachen, werden wir nie fertig!" „Niefertigniefertig" plapperte der Papagei, und die Schnecke verkroch sich beleidigt in ihr Schneckenhaus.

„Gut gebrüllt, Löwe", ließ sich der Specht vernehmen und klopfte dabei dreimal auf den Tisch. „Wie wär's, wenn wir mal die Tauben auf dem Dach des Kirchturms interviewen und in Erfahrung bringen, wie es ihnen unter den Menschen in der Stadt geht, welche Sorgen sie haben u.s.w.?" „Nicht schlecht, Herr Specht", sagte das Kamel, „aber wer sollte da so hoch hinauf fliegen, Sie etwa?" Der Specht schwieg daraufhin, denn er hatte keine Lust, so hoch oben zu schweben ohne einen einzigen Baum. „Genau", sagte der Luchs, „bleiben wir doch auf der Erde, meine Herrschaften, besser den Spatz in der Hand als die Taube auf dem Dach.

Als die Spatzen sich genannt hörten, zwitscherten sie: „Habt ihr denn noch nicht das Neueste gehört, die Spatzen pfeifen es doch schon von allen Dächern!" "Was denn, was denn?", wollten alle wissen, und der Papagei plapperte nach: „Wasdennwasdenn".

Die Spatzen piepsten weiter: „Na, aus dem Flohzirkus, der seit vorgestern in der Stadt gastiert, ist ein Sack Flöhe, der nicht gehütet worden war, ausgebrochen!" „Was, wirklich, das ist ja das Allerneuste, gibt's doch nicht, kann doch nicht wahr sein, wirklich, Flöhe!?" So riefen alle durcheinander, und Löwe, Luchs und Kamel mussten sich unwillkürlich an verschiedenen Stellen kratzen.

„Ruhe!" brüllte der Löwe, „eure Mitteilung beunruhigt mich persönlich, und, wie ich sehe, auch einige Kollegen, ich denke, die Sache mit den Flöhen ist aber zu unbedeutend, als dass wir uns alle dahinterklemmen, das hieße ja, mit Kanonen auf Spatzen schießen!" Die Spatzen gingen in Deckung, sie hatten nur halb zugehört. „Oder hat euch da jemand einen Floh ins Ohr gesetzt?" fragte der Löwe noch mal zur Sicherheit nach. Die Spatzen schauten jetzt beleidigt drein und machten nur „Pah!".

Der Luchs meldete sich zu Wort: „Meine Herrschaften, Sie wissen ja, ich hab Augen und Ohren wie ein Luchs, hahaha, da war ich doch neulich unterwegs im Park, im Gebüsch. Sitzen da vor mir zwei Kinder auf der Bank und machen Schulaufgaben. Sie stöhnen und schimpfen auf die Lehrerin. Sie müssen Lücken in einem Text ausfüllen. Ich hab ihnen, als sie in einer Pause vor der Bank spielten, das Buch abgeluchst, äh, ausgeliehen, ich bring's ja wieder zurück. Die werden sich gewundert haben!"

Der Löwe unterbrach: „Mach's kürzer, Luchs, wir haben nicht soviel Zeit!" „Na, gut, ich beeil mich, also, hier ist das Buch". Er hielt es hoch und legte es dann auf den Tisch. „Was sollen wir damit? Wir sind doch nicht in der Schule! Das ist doch Kinderkram!" kamen Einwände. „Kinderkramkinderkram", krächzte der Papagei. „Was wir damit sollen? Ganz einfach", wischte der Luchs die Einwände beiseite, „das wird *der* Artikel. Hier, hört mal alle zu!"

Alle rückten näher. Der Löwe gab der Schnecke mit seiner linken Pfote einen kleinen Schubs, so dass sie vor das Buch rollte. Der Luchs las also vor:
Aufsatzkunde. Das Tier in Redensarten. Übung: Fülle die Lücken aus.

1.) "... nach Athen tragen".
Alle machten fragende Gesichter, nur der Löwe nicht. „Klar", sagte er „das heißt: Löwen nach Athen tragen, wen denn sonst, da gibt's doch keine, oder? Weiter, Luchs!"

2.) "Auf des ... Schwingen".
Die Spatzen zwitscherten alle auf einmal wie aus einem Schnabel: „Auf des Spatzen Schwingen!" Aber die anderen lachten sich halbtot darüber, das genügte, sie zum Schweigen und zum Nachdenken zu bringen.

3.) "Jemandem die ... aus der Nase ziehen".
Die Schnecke fühlte aller Augen auf sich gerichtet. „Was habt ihr, is was?"
„Ja", sagte der Specht, du bist die Kleinste und könntest als Einzige in Nasenlöcher passen!" Eigenartiger Weise dachte keiner an die unzähligen Tiere auf der Erde außerhalb der Redaktionsräume. Die Schnecke wehrte ab: „Ich mach meinen eigenen Schleim, da brauch' ich keine fremden Nasen.

4.) „Stur wie ein ... ".
Das wollte keiner sein, und alle schauten gegen die Decke oder drehten Däumchen oder Flügel, die Schnecke verkroch sich für den peinlichen Augenblick in ihr Schneckenhäuschen.

5.) „Dumm wie ein ... ".
„Spatz", las der Luchs einfach weiter vor, obwohl von Spatzen gar nichts dastand. Er sagte nur zur Begründung: „Klar, Spatzenhirn!" „Frechheit!", piepsten die, die gemeint waren, und der Papagei krächzte: „ Spatzenhirnspatzenhirn". Da flogen die Spatzen auf und über den Papagei und ließen ihre Wut mit ihrem Vogeldreck auf ihn niederfallen. Alles schüttelte sich vor Lachen,

der Papagei schüttelte sich zwar auch, aber aus einem anderen Grund.

6.) „Wie von der ...gestochen ".
„Äh, Fräulein Brillenschlange", wollte der Löwe wissen, „haben Sie eigentlich einen Stachel?" „Nein, wieso?" fragte sie erstaunt, bis sie begriff. „Na also, hören Sie mal, ich steche nicht, ich beiße!" „Ichbeißeichbeiße" war das Plappern des Papageis zu vernehmen. Er war inzwischen wieder sauber.

7.) „Langsam wie eine ... ".
„Das hatten wir heute schon mal, jeder weiß Bescheid, oder weiß jemand nicht, wer die Lücke auszufüllen hat? Weiter, Luchs!" bestimmte der Löwe. Die Schnecke blieb ganz ruhig. Sie sagte nur: „Ich muss ja gar nicht schneller sein als ihr, meine Blätter und Gräser sind immer so nah, da brauch ich mich nur umzudrehen!" So, jetzt hatte sie es ihm aber gegeben!

8.) „Jemandem alles nachplappern wie ein ... ".
„Plappernwieeinplappernwieein" krächzte derselbe und schlug vor Freude mit den Flügeln, dass die Blätter vom Tisch flogen. „Da ham wir den Salat", sagte der Specht ärgerlich. „Wo gibt's Salat?" wisperte die Schnecke in freudiger Erwartung, „Wo ist Salat?" Die Spatzen halfen beim Aufsammeln.

9.) „Fleißig wie die ... ".
„Na, wie wer wohl?" triumphierte Herr Specht und klopfte fünf Sekunden lang fleißig auf den Tisch, dass ein großes Loch entstand. „Pass doch auf!" brüllte der Löwe, „außerdem bist du nicht gemeint!"

10.) „Hunger haben wie ein ... ".
„Schneck', ist doch klar!" „Wie ein Spatz" zwitscherten die Spatzen. „Blödsinn, wenn hier jemand Hunger hat,

dann bin ich das!" maulte das Kamel. „Ihr spinnt doch alle!" fauchte der Luchs, "ihr habt alle noch keinen Hunger gehabt!" Der Löwe packte derweil die 13 Pizzas aus, die er in seiner Tasche mitgebracht hatte und fraß sie mit einem Happen auf. Damit war für ihn die Lücke gefüllt.

11.) „Jemanden zur ... machen "."„Sau!" meldete sich die Schnecke als erste. „Quatsch, du bist gemeint" und dabei tippte der Löwe mit einer Tatze an seinen Schädel.

12.) „Eine ... hackt der anderen keine Auge aus". „Was, schon wieder ich?", fragte die Schnecke verwundert, weil sie sich schon wieder als Lückenbüßerin wähnte, obwohl sie keiner angeschaut hatte. „Hahaha" lachte das Kamel, „Schnecken und Hacken, das ist ja wie Löwe und knabbern,". „Du bist doch nicht so blöd wie dein Ruf!", lobte der Löwe das Kamel.

13.) „Scheu wie ein ... ". „Kamel natürlich" brachte das Kamel ein wenig geziert hervor. Aber mit dieser Meinung stand es alleine da. Der Luchs stellte die Sache klar: „Hör besser zu, ich habe vorgelesen: ‚scheu', und nicht ‚blöd'!" und alle lachten auf Kosten des Kamels.

14.) „Brüllen wie ein ... ". „LÖÖÖWE!" brüllte dieser so laut, dass die Räume und der Tisch erzitterten und alles erschrocken vom Tisch und den Sitzen sprang und flog.

15.) „Jemandem ist eine ... über die Leber gelaufen". „Sag mal", fragte der Specht die Schnecke, „stehst du nicht auf Leber?" „Nein, ich bin strenge Vegetarierin, damit du's nur weißt, und jetzt lass mich in Ruhe!"

16.) „Stolz wie ein ... ".

„Jetzt komm ich aber dran", rief das Kamel und reckte den Hals. „Du bist ja nicht ganz dicht! Das ist einer aus unserer Verwandtschaft, damit du's nur weißt!" ließen sich die Spatzen zwitschernd verlauten.

Das Vorlesen und Lösen der Übungsaufgaben wurde an dieser Stelle vom Löwen abgebrochen. Der Luchs hatte einen grandiosen Einfall: „Fräulein Brillenschlange, sagen Sie mal, haben Sie alles genauestens protokolliert?" „Ja, natürlich, Herr Luchs, warum?" „Wir könnten doch", schlug dieser vor, das Protokoll, so wie es ist, als Artikel abdrucken, wär das nichts?" Alle stimmten nach einer kurzen Debatte zu und so erschien also in der nächsten Nummer von „Du und der Mensch" der Artikel: „Protokoll einer Redaktionskonferenz".

*

Bock

Eine ältere Frau hatte keinen Bock mehr, ihren Mann jede Nacht im Bett zu ertragen. Sie schimpfte ihn „geiler Bock". Da er aber vor allem ein sturer Bock war und null Bock hatte, sich von ihr weder zum Sündenbock machen noch ins Bockshorn jagen zu lassen, wurde er zuerst bockig und haute dann ab.

Jedoch baute er seit dieser Zeit nur noch Bockmist. Er suchte sich andere Frauen, schoss aber bei denen einen Bock nach dem anderen. Die Frauen merkten bald, dass sie mit ihm den Bock zum Gärtner gemacht hatten und schoben ihn ab. Bei seiner alten Frau hatte er nichts mehr zu bestellen, soll er doch seine Bocksprünge machen, dachte sie, meinte aber wahrscheinlich Seitensprünge und ließ sich von dem alten Bock scheiden.

Der stellte sich erst bockbeinig, doch das nutzte ihm nichts. Nach der Scheidung trank sie mit ihrem neuen Freund eine Flasche Bocksbeutel. Als sie spät abends in seinem alten Wagen zu ihr nach Hause fuhren, bockte der Karren dauernd, aber dann kamen sie doch noch glücklich an und hatten eine schöne Nacht zusammen, denn auf ihn hatte sie Bock.

*

Der Elefant im Porzellanladen

Beim Tischdecken war dem Elefantenjüngsten, Jumbo, ein Teller auf den Boden gefallen und in tausend Stücke zerbrochen. „Herrjeh!" trompetete Mutter Elefant, was sollen wir jetzt machen?" und schlug die Hände über dem Kopf zusammen. „Ist doch nicht schlimm", tröstete Vater Elefant den Kleinen, der zu Weinen begonnen hatte, „ich geh in die Stadt und kaufe einen Neuen!" Gesagt, getan.

In der Stadt war ein Laden, über dem in großen Lettern geschrieben stand: „PORZELLANLADEN". Die Besitzerin, eine zierliche Gazelle, staubte gerade die Kostbarkeiten ab und füllte die Waren in den Regalen auf.

Der Elefant sah schon von weitem das Schild und ging schnurstracks, aber behäbig darauf zu. Kurz davor blieb er stehen und warf einen Blick auf das Schaufenster. Da stand ein herrlicher Teller, groß und schön genug für seinen Jüngsten, mit einem Elefantenkind darauf gemalt und auf dem Rand stand geschrieben: „FÜR JUMBO". ‚Ja', dachte der Elefant, ‚das ist genau der Richtige, den kauf' ich!' und wandte sich zur Tür.

Nun sind Dickhäuter zwar sehr gefühlvoll in der Seele, zuweilen aber etwas grob mit ihrem Körper, ohne es zu merken oder zu wollen, in der Natur müssen sie sich ja auch nicht schmal und klein machen, um irgendwo durchzukommen, abgesehen davon, dass sie das auch gar nicht können.

Zwar duckte der Elefant sich ein wenig, konnte aber nicht verhindern, dass es beim Durchschreiten der Tür plötzlich splitterte und krachte und das Gebälk und Ziegelsteine neben und über ihm in einer Staubwolke zusammenbrachen und herunterfielen. Plötzlich musste er mitten in dem, was mal ein Türrahmen war, husten und niesen, so dass der ganze Laden, gerade von Frau Gazelle mühevoll abgestaubt, staubiger wurde als zuvor.

Er wartete einige Augenblicke, bis sich der gröbste Staub gelegt hatte, trat vollends ein, wobei die Steine und Balken, die noch auf seinem Rücken lagen, mit Getöse herunterfielen.

Er wollte gerade „Guten Tag, Frau Gazelle" sagen, als er sie schreien und jammern hörte: „Was machen Sie, was machen Sie, meine schöne Tür, mein schöner Laden!" Dabei rannte sie hilflos umher. Der Elefant wollte ja nur den Teller haben und sagte deshalb im Weitergehen: "Verzeihen Sie, Frau Gazelle, aber...".

Seine weiteren Worte gingen in dem Lärm und Krach, den er veranstaltete, unter. Die Gänge zwischen den Regalen waren natürlich viel zu eng, und erst, als er weiter schritt, wurden sie breiter. Kein einziges Regal blieb stehen, es klirrte und schepperte nur so, lauter noch wie bei einem Polterabend. „Raus, raus!" schrie Frau Gazelle, fast ohnmächtig vor Wut, „Sie machen mir ja alles kaputt!"

Der Elefant blickte sich nach ihr um, wobei sein Rüssel einen Schlenker machte und die Kostbarkeiten auf dem Regal an der Wand, das noch als Einziges stehen geblieben war, vom Brett wischte und diese zusammen mit der Schaufensterscheibe auf die Strasse flogen, wo sie als Scherbenhaufen liegen blieben. „Ja, ja, ich geh ja schon", sagte der Elefant, als er merkte, dass Frau Gazelle ihm keinen Teller verkaufen wollte und drehte sich um, in der Absicht, hinauszugehen. Dabei flog der Rest, der noch liegengeblieben war, durch die Gegend und mit seinem Hinterteil erfasste er auch noch die Kasse und den Tresen, die beide durch den Laden polterten.

Als er mit den Ohren den Staub, der ihm die Sicht nahm, wegwedeln wollte, traf er den wunderschönen, antiken Kronleuchter, von dem jetzt nur noch die Aufhängestange und das abgerissene Kabel von der Decke

baumelten. Frau Gazelle war in ihr Hinterzimmer ge-
flüchtet und dort auf ihrem Bett in Ohnmacht gefallen.

Auf seinem Weg nach draußen zertrampelte er noch das
eine oder anderer Stück, das nur wenig oder gar nicht
zerbrochen war und verfehlte, infolge des Staubes, nur
knapp das riesige Loch, wo einmal der Türrahmen stand
und riss dabei noch das halbe Gemäuer der Vorderseite
des Ladens ein.

Als er endlich draußen war, sah er etwas über die
Strasse kullern, das immer langsamer wurde und dann
in immer engeren, schnelleren Kreisen rollte, bis es, fla-
cher werdend, sich auf der Stelle um sich selbst drehte
und mit einem ‚Klack' liegen blieb und in der Sonne
glänzte. Der Teller! Wie durch ein Wunder war er heil
geblieben! Er packte ihn auf seinen wie zu einer Schlange
zusammengerollten Rüssel und trabte langsam heim.
Klein Jumbo duschte sich gerade mit Sand, als sein Papa
mit der Überraschung ankam. War das eine Freude!

Frau Gazelle ging gleich, nachdem sie aus ihrer Ohn-
macht aufgewacht war, zur Polizei. „Der hat sich aufge-
führt wie ein Elefant im Porzellanladen", gab sie zu Pro-
tokoll. Als Frau Elefant davon erfuhr und ihren Mann
fragte, ob es wirklich so schlimm gewesen sei, sagte er zu
seiner Verteidigung: „Die macht aus einer Mücke 'nen
Elefanten!

Der Elefant wurde dazu verdonnert, solange bei einem
Holzfäller zu arbeiten, bis er den Schaden wieder gut
gemacht hatte. Bei Frau Gazelle, die von dem Geld den
Laden neu herrichten ließ und neue Waren einkaufte,
hatte er lebenslang Hausverbot.

Klein Jumbo deckte seitdem sehr vorsichtig den Tisch.

*

Der Dachs und die Wachtel

Ein Dachs und eine Wachtel begegneten sich auf einem kleinen Spinatfeld und stritten sich um das saftige Grün. Die Wachtel hüpfte dem Dachs auf den Pelz und hackte ihm auf dem Kopf herum. „Frechdachs, hau ab, das ist mein Spinat!" zeterte sie. Der Dachs schüttelte sie ab, gab ihr noch einen leichten Tritt mit der Pfote, so dass sie in hohem Bogen davonflog und rief ihr nach: "Alte Spinatwachtel!"

*

Allerlei Insekten

Eine dufte Biene mit einer Wespentaille und Hummeln im Hintern, wurde von Freiern umschwärmt wie das Licht von den Motten. Für einen von ihnen entschied sie sich, für den Nachtschwärmer mit dem tollen Käfer.

Als sie ein Kind von ihm bekam, summte sie dem Kleinen das Lied vor: „Maikäfer flieg, dein Vater ist im Krieg..." und „Summ, summ summ, Bienchen summ herum...". Aber der Vater war nicht im Krieg, sondern Boss eines von der Polizei seit langem gesuchten Falschmünzerringes. Seine Blüten waren so gut, dass selbst sie darauf hereinflog.

Der Kommissar, der den Ring schließlich in mühseliger Kleinarbeit sprengte, sagte am Ende: „Mit Geduld und Spucke fängt man eine Mucke!"

*

Wanze und Laus

Der Geheimdienst hatte einem hohen Staatsdiener, einem gewissen Herrn von Wanzbeck aus der Oberlausitz, der im Verdacht stand, ein Spion zu sein, eine Wanze ins Telefon eingebaut.

Als dieser kurz darauf, es war Sommer, ein Gartenfest veranstaltete, stellte er, nichtsahnend, das Telefon draußen auf die Mauer, die seine Terrasse umgab.

Der Wanze im Telefon war langweilig, es klingelte ewig nicht, deshalb vertrieb sie sich die Zeit mit einem Liedchen: „Auf der Mauer, auf der Lauer, liegt 'ne kleine Wanze...". Bei „W..." angekommen, klingelte es endlich. Der Herr Staatsdiener kam, nahm den Hörer ab und meldete sich mit seinem Namen: „Hier von Wanzbeck", und dann horchte er und die Wanze auch. Am anderen Ende meldete sich, ziemlich grantig, ein Herr von Lausewitz, Fritz mit Vornamen, sein Kollege im Amt, dem der Herr von Wanzbeck einen neuen, und, wie er sagte, zuverlässigen Sekretär verschafft hatte. „Ah, du bist's, Fritze, gut dass du..."

Weiter kam Herr von Wanzbeck nicht, denn Herr von Lausewitz schimpfte in den Hörer, dass dem Herrn von Wanzbeck Angst und Bange wurde, obwohl er nichts verstand.

Er fragte deshalb: „Was is los Fritze, is dir ne Laus über die Leber gelaufen?" „Nee, isse nich, du Idiot!" schimpfte von Lausewitz weiter, jetzt etwas langsamer und deutlicher, „was hast du mir da für eine Laus in den Pelz gesetzt? Schaff mir diesen Sekretär sofort vom Hals, der ist vom Geheimdienst, glaub ich, wenn der was erfährt, machen die uns platt wie 'ne Wanze!" „Ich glaub, mich laust der Affe!" entgegnete Herr von Wanzbeck verblüfft, „ausgerechnet der, bist du sicher? " fragte er deshalb. „Mir fehlen die Beweise, ich muss jetzt Schluss machen, ich seh dich morgen im Büro." Ein Gast des Sommerfestes, ein Mann vom Geheimdienst, schraubte unter dem Vorwand, telefonieren zu wollen, die Wanze heraus und hörte sie später ab. Für die Herren von Lausewitz und Wanzbeck kamen nun lausige Zeiten. Trotzdem wiesen sie das Wasser, das ihnen während des Prozesses ein Gerichtsdiener auf die Anklagebank stellte, mit der Bemerkung zurück: "Davon kriegt man Läuse im Bauch!" Sie waren Besseres gewöhnt.

*

Von und vom Spinnen

„Einer spinnt immer," sagte die Kreuzspinne zu ihren Kindern, von denen eines, das Kleinste, herumtobte und -sauste wie von der Tarantel gestochen und komische Sätze von sich gab. „Lauter Hirngespinste!", sagte sie noch, sie kannte das schon.

Als das Kleine sich beruhigt hatte, verließen sie das Netz und gingen runter ins Gras. Es war früh am Morgen, der Tau lag noch auf den Halmen. Heute wollte Mutter Kreuzspinne wieder mit ihren Kindern Netzspinnen üben. Wie jeden Morgen vor dem Lernen, erzählte sie ihren Kindern auch diesmal eine schöne Geschichte. Während sie gerade dabei war, den Faden von der letzten Geschichte wiederaufzunehmen und weiterzuspinnen, kam eine Fliegenfamilie daher. Als Mama Fliege die Spinnenmutter erblickte, sagte sie rasch zu ihren Fliegenkindern: „Pst, schnell weg hier, Spinnen am Morgen bringt Kummer und Sorgen!" Als eines ihrer Kinder etwas fragen wollte, trieb sie es zur Eile an: „Frag nicht so viel, weg hier, die sind uns spinnefeind, denen dürft ihr nicht ins Netz gehen!" Sie verkrochen sich schnell und flogen dann davon.

Die Spinnenfamilie aber blieb dort und übte fleißig. Als alle ihr kleines Übungsnetz fertig hatten, verhöhnten die Kinder das Kleinste, das sich in seinem eigenen Netz verstrickt hatte: „Hahaha, da hast du dir ja was Schönes zurechtgesponnen!"

Mittlerweile war es Abend geworden und Familie Spinne machte sich auf den Heimweg. Da kam ein kleiner Frosch dahergehüpft und schnappte sich eines von den Spinnenkindern. „Du spinnst wohl!" schrie Mutter Spinne erbost und verbittert im Wegrennen, der Frosch aber leckte sich das Maul. „Hm, lecker", sagte er zu sich, „Spinnen am Abend, erquickend und labend!"

*

Wolf

Wolfgang, jung vermählt, lebte mit seiner Frau und ihrem gemeinsamen Sohn in Wolfsbach, einem kleinen Bauerndorf im Fränkischen. Da gab es natürlich kein Kino. Um sich mit ihr den Film „Der mit dem Wolf tanzt" anzuschauen, fuhren sie in die Stadt.

Die Oma wohnte im Dachgeschoss und brachte den kleinen Jungen zu Bett. Sie las ihm noch eine Gute-Nacht Geschichte vor, es war „Der Wolf und die sieben Geißlein". Als der Junge nach dieser Geschichte noch nicht Ruhe geben wollte, fügte sie noch die Fabel vom Wolf und dem Fuchs hinzu. Danach war aber Schluss.

Als die Eltern vom Kino nach Hause kamen, ging Großmutter schlafen. Wolfgang sagte zu seiner Frau: "Weißt du was? Ich bin hungrig wie ein Wolf!" Sie meinte daraufhin vielsagend: „Ich werd dir deinen Wolfsrachen schon stopfen!" und gab ihm einen ordentlichen Kuss. Aber der genügte ihm nicht. Also drehte er auf ihr Geheiß ein Pfund Fleisch durch den Wolf und sie briet daraus Fleischbällchen in der Pfanne. Dazu aß er Kartoffeln und Soße vom Mittag.

Am nächsten Tag kam ihre Freundin aus Wolfsburg. Mit ihr unternahmen sie, wie verabredet, eine Wanderung in die nahegelegene Fränkische Schweiz. Abwechselnd nahmen sie den kleinen Huckepack, als der nicht mehr laufen konnte. Kein Wunder, dass sich alle am späten Nachmittag einen Wolf gelaufen hatten. Deswegen machten sie an der Wirtschaft „Zur Wolfsschlucht", die am Ende dieser Schlucht war, durch die sie auch gewandert und geklettert waren, halt und kehrten ein.

Am Nebentisch saßen ein paar Stammtischbrüder, jeder sein Weizen vor sich, diskutierten heftig und gaben Lebensweisheiten von sich. Eine bekamen die Zuhörer gerade mit: „Man muss mit den Wölfen heulen..." Und dann wurde noch über jemanden geschimpft, der ein Wolf im Schafspelz sei.... Aber die Wanderer hatten Hunger und Durst und kümmerten sich nicht mehr um den Nebentisch. Vollgestopft wie der Wolf im Rotkäppchen, nur dass sie keine Wackersteine im Bauch hatten, sondern Schweinebraten mit Klößen, verließen sie die Wirtschaft und fuhren mit dem Bus nach Hause.

Wolfgang ging sehr früh schlafen, am nächsten Tag wartete eine anstrengende Arbeit auf ihn: er sollte in seinem Amt den Reißwolf bedienen und einen riesigen Stapel alter Akten vernichten.

*

Hammel, Schaf und Lamm

Ein Hammel ging einmal zum Pastor in die Kirche. Der hatte aber keine Zeit, er zählte gerade seine Schäfchen. ‚Gut‘, dachte der Hammel, ‚komm ich später noch mal wider‘. Das tat er, diesmal mit Erfolg. „Guten Tag, Hochwürden, äh, es ist Folgendes...“. „Sprich nur, mein Sohn“, unterbrach ihn der Pastor. „Also“, fuhr der Hammel fort, „wir Tiere sind ja, wie alle Lebewesen und auch die Menschen, Geschöpfe Gottes, nicht wahr, Herr Pastor? „Ja, mein Sohn, sprich weiter.“

„Ich hab doch nun gehört, dass sie da in ihrer Kirche das Lamm Gottes haben, es soll da hinten irgendwo auf dem Altar liegen, so ein Unschuldslamm. Sie müssen wissen, ich steh ja so auf Unschuldslämmer, da dachte ich mir, vielleicht könnten Sie mir mal ihr süßes lammfrommes Schäfchen für ein klitzekleines Schäferstündchen ausleihen?“.

Der Geistliche war zuerst sprachlos, dann schimpfte er so laut, dass es von allen Wänden und der Decke widerhallte: „Du blöder Hammel, wenn du nicht gleich machst, dass du fortkommst, dann zieh ich dir die Hammelbeine lang!“. Der Hammel bekam es daraufhin etwas mit der Angst zu tun und suchte mit einem Hammelsprung das Weite.

Am Abend ging der Pastor zum Stammtisch, wo er mit dem Bürgermeister und dem Sparkassendirektor, manchmal auch mit dem Lehrer Schafskopf spielte.

Bis dahin hatte der Hammel einen teuflischen Plan ausgeheckt. Eigentlich war er ja ein Leithammel, aber der Bauer, bei dem er im Winter im Stall und im Sommer auf der Weide war, hatte alle Schafe und Lämmer verkauft, hatte sein Schäfchen schon ins Trockene gebracht, nur ihn hatte er zurückbehalten, zum Decken, wie er sagte. Der Hammel stand aber nicht auf Schafe, er wollte Unschuldslämmer. Na, ja, er war schon immer das schwarze Schaf in der Familie, ein Streithammel, der seinen Neigungen nachging und tat, was er wollte.

Er hasste alle, die wie eine Schafherde hinter dem Hammel herliefen, er hasste die dummen Schafe, deswegen wollte er ja dieses Lämmchen.

Er schlich also, während Hochwürden Schafskopf spielte, dieser Schafskopf, heimlich, still und leise durch eine Seitenpforte, die immer offen war, drang bis zum Altar vor und stahl von dort das schneeweiße Lamm Gottes. Wie enttäuscht aber war er, als er merkte, dass das Lamm kalt und hart wie Stein war, und dass das Stümmelchen gar nicht wackelte wie ein Lämmerschwanz! Wütend warf er das Porzellanlamm auf die Stufen des Altars, wo es in tausend Stücke zerbrach. ,Soll doch der Pastor, statt Schäfchen zu zählen, die Scherben zählen‘, dachte er. Dann verließ er frustriert diese Stätte.

Es war übrigens kurz vor Ostern, der Osterbrunnen im Dorf war schon geschmückt, und die Kinder sangen das uralte Lied: „Ringel, ringel, Rose, Butter in die Dose, Schmalz in den Kasten, morgen woll'n wir fasten, übermorgen Lämmlein schlachten...“. Aber das interessierte den Hammel nicht. Er rannte schnurstracks auf den Osterbrunnen zu und zertepperte in seinem Frust alle Ostereier, so an die dreihundert Stück. Da wurden die Leute im Dorf sehr böse, hatten sie doch die Eier alle selber ausgeblasen und angemalt. Aber er wartete nicht geduldig wie ein Opferlamm auf sein Schicksal, sondern rammte dem Ersten, der ihn fangen wollte, seinen Kopf in den Bauch und biss den Zweiten in die Wade, bevor er sich blökend aus dem Staub machte.

,Im Grunde‘, dachten die Bewohner im Dorf, ist das kein Hammel, sondern ein Wolf im Schafspelz‘. Der Pastor konnte in der Nacht schlecht einschlafen. Er war beunruhigt wegen des Schadens, den der Hammel angerichtet hatte, deshalb zählte er im Bett noch eine Zeit lang - nicht seine - sondern einfach irgendwelche Schäfchen, solange, bis er eingeschlafen war.

*

Affe

Der Mensch stammt vom Affen ab, schließlich ist er nicht nur ein blöder Affe, der sich in einem Affenstall glaubt, wo ein Affentheater aufgeführt wird mit viel Affengeschrei, dass es manchmal eine Affenschande ist, nein, dieser Affenarsch mit seinem Affengesicht findet das alles auch noch affengeil und hängt mit wahrer Affenliebe an seinem affigen Verhalten.

Und dann bildet sich doch dieser dämliche Lackaffe ein, er sei ein Original! Dabei äfft er doch nur andere nach! Da er nicht mehr klettern kann wie ein Affe, sitzt er meistens, wenn er sich nicht gerade mit affenartiger Geschwindigkeit bewegt, wie ein Affe auf dem Schleifstein. Was soll ich dazu sagen? Nun: "Ich glaub, mich laust der Affe!"

*

Fuchs

Familie Fuchs ging spazieren, Füchschen durfte mit, Fuchsie musste das Haus hüten. Etwas ärgerlich und ängstlich zog sie sich in den hintersten Winkel des Baues zurück. Da machte es plötzlich ‚Rums‘, der ganze Bau bebte und mit einem Mal war es stockfinster.

Am ganzen Leibe zitternd, kroch Fuchsie langsam nach vorne zum Ausgang, aber der war versperrt. Ein dicker, schwerer Eichenast war heruntergefallen und lag jetzt quer vor dem Loch. Sie stemmte sich mit aller Kraft dagegen, vergebens. Nun wurde sie fuchsteufelswild, aber auch das nutzte nichts, der Ast wich keinen Millimeter.

Vater, Mutter und Sohn Fuchs streiften derweil durch den Wald. Obwohl sie in eine abgelegene Gegend kamen, in der sich gewöhnlich Fuchs und Hase ‚Gute Nacht‘ sagen, hörten sie plötzlich Rascheln und Singen und Pfeifen, schnell versteckten sie sich und bemerkten eine Pfadfindergruppe, meist junge Füchse, die ein Lied zum Besten gaben: „Fuchs, du hast die Gans gestohlen...“ . ‚So eine Frechheit‘, dachte Familie Fuchs und schlich weiter.

Bald darauf kam sie an den Rand eines Dorfes, wo Bauern den Hang eines Berges mit Weinreben bepflanzt hatten. Die Reben hingen voller Trauben. Familie Fuchs war nach der Wanderung hungrig und durstig. „Die sind viel zu sauer!“ redete Vater Fuchs sich raus, als sie sich vergebens nach den Trauben reckten, die viel zu hoch hingen, als dass sie auch nur eine hätten probieren können.

So zogen sie also mit leerem Magen und hängender Zunge heim. Dort angekommen, sahen sie die Bescherung. Aber Füchschen, dieser schlaue Fuchs, der seine Schlauheit von seinem Vater, dem alten Fuchs, geerbt hatte, wusste sofort Rat: er nahm seinen Fuchsschwanz und sägte an dem Ast, seine Eltern taten es ihm gleich, und Fuchsie half von innen nach. Bald war das Eingangsloch frei und Fuchsie kam aus dem Fuchsbau gekrochen und alle umarmten sich und waren froh und priesen ihre Schlauheit.

*

Hase und Kaninchen

Der Hase und der Igel trafen sich alljährlich an einem abgelegenen Kohlfeld, wo sich sonst Fuchs und Hase „Gute Nacht" sagen, aber sie trafen sich nicht zum Wettlaufen, sondern um sich gegenseitig Geschichten aus dem Leben zu erzählen. Heute war Meister Lampe dran.

Als sie sich am Kohlfeld begegneten, grüßte als Erster der Igel: „Hey, Meister Lampe!" Der aber sagte mit verstellter Stimme: „Mein Name ist Hase, ich weiß von nichts". Da lachten sich beide erst mal halbtot.

Er wusste aber doch von was und erzählte, als sie sich beruhigt hatten, die neueste Story: „Neulich kam doch mein Jüngstes von der Schule nach Hause und sagte zu mir: ‚Papa, du, neben mir sitzt doch Karnickel Paula, die mal früher bei Menschen war, und die sagte mir, manche Menschen würden rammeln wie die Karnickel. Jetzt sag du mir mal, Papa, was ist Rammeln?' Da stand ich erst mal dumm da, aber dann machte ich es kurz: also Rammeln ist, wenn man sich vermehrt wie die Karnickel.". „Richtig, Lampe, bist doch 'n alter Hase in puncto Aufklärung, hätt' ich auch so..." weiter kam der Igel nicht, denn plötzlich krachte ein Schuss und landete dicht über ihnen im Kohlfeld.

Der Igel, kein Hasenfuss, tippelte langsam ins Kohlfeld, rollte sich zusammen und harrte der Dinge. Meister Lampe, von Natur aus ein Angsthase, ergriff das Hasenpanier, hoppelte querfeldein Richtung Wald. Dabei schlug er Haken, er wusste ja schließlich, wie der Hase läuft. Nach einer Weile, als kein weiterer Schuss mehr zu hören war, kamen beide fast zu gleicher Zeit wieder zu ihrem Treffpunkt.

„Du, weißt du, was ich gesehen hab?" brachte der Igel ganz aufgeregt hervor, „Ich lag eine Weile zusammengerollt, dann wurde ich neugierig, ich hab ja schließlich kein Hasenherz, und trippelte dahin, wo der Schuss herkam und sah einen Mann mit grünem Hut und einer Hasenscharte, die nur spärlich von einem Bärtchen verdeckt war. Mit der Brille auf der Nase sah er aus wie'n Osterhase, würd' ich sagen, wenn die Sache nicht so ernst wäre. Er bückte sich gerade und griff in eine Vertiefung. Da war doch tatsächlich ein Häschen in der Grube! Er holte es heraus, steckte es in seine Tasche und murmelte dann in seinen Bart, dass ich es gerade noch hören konnte: ‚Hab ich endlich ein Versuchskaninchen, jetzt noch eins, und dann kann's losgehen'. Danach verschwand er schnell".

„Das arme Häschen!", seufzte der Hase. „Weißt du, was", sagte er dann, „wir müssen den Kerl daran hindern, ein weiteres Verbrechen zu verüben!" „Genau", bestätigte der Igel, „das ist der springende Punkt, da liegt der Hase im Pfeffer! Und ich weiß auch schon, wie. Wir bitten die Karnickel, uns zu helfen, neben dem Loch eine große Fallgrube zu graben!" Gesagt, getan. An die dreißig Karnickel kamen, froh, ihnen helfen zu können und in null komma nix war die Grube fertig: zwanzig Karnickellängen tief, tief genug, den Mann samt Hut darin verschwinden zu lassen .

Sie deckten oben dünne Äste darüber, dann Laub und zum Schluss Walderde. Nichts war zu erkennen. Dann versteckten sich Hase und Igel im Gebüsch. Die Karnickel gingen heim. Es dauerte nicht lange, da ertönte ein fürchterliches Geschrei. Ein Häschen war in die kleine Grube von dem Hasenfänger gefallen. Da kam auch schon der Tierquäler an, es machte „Knack" und „Plumps" und weg war er. Man hörte „Au" und „Verflucht", Äste flogen umher, Laub raschelte und dann rumorte es noch eine Weile unter lautem Gefluche, bis es allmählich ruhig wurde. Hase und Igel verharrten noch eine ganze Weile in ihrem Versteck, dann zeigten sie sich am oberen Rand der Fallgrube. Der Hase sprach als Erster: „Gib uns deinen Hausschlüssel, dann lassen wir dich raus". Dem Mann blieb schließlich nichts anderes übrig, an ein Rauskommen ohne fremde Hilfe war nicht zu denken. Also warf er die Schlüssel hoch. An dem Bund hing doch tatsächlich eine Hasenpfote! Aber die sollte ihm kein Glück bringen. Dann musste er noch seine Adresse rausrücken.

Der Hase und der Igel verschwanden zu der angegebenen Adresse. In dem Haus des Tierquälers befreiten sie zuerst das Häschen aus dem winzigen Käfig, es sprang vor Freude rum und rief immerzu: "Has' hüpf, Has' hüpf!" Dann zerstörten sie gemeinsam das Labor, knabberten alle Schläuche und Kabel durch, schütteten Kolben und Flaschen aus, zerstreuten Pulver und Pillen, verschlossen dann alle Türen und warfen die Schlüssel in den nächsten Teich.

Dem Kerl gaben sie ein paar lange Stangen in die Grube, dass er sich selbst befreien konnte. Sie hatten nie wieder etwas von ihm gehört oder gesehen.

*

Extremitäten und sonstige tierische Körperteile

Vater hält eine Standpauke: „Wenn ich mittags nach Hause komme und mich nach dem Essen ausruhe, hast du wie auf Samtpfoten durchs Haus zu schleichen, ich will nicht gestört werden! Und du hast deinen Schnabel zu halten, sonst hau ich dir aufs Maul, und vor dem Essen wäschst du dir gefälligst deine dreckigen Pfoten. Und die Sauklaue in deinen Schulheften, die gewöhnst du dir auch ab, verstanden? Muss ich denn alles hundertmal wiederkäuen? Ich glaub, dir gehört mal ordentlich was auf den Rüssel! Du kannst auch ruhig mal was für deine Ausdrucksweise tun, der Lehrer sagt, du redest, wie dir der Schnabel gewachsen ist. Und noch was, Bürschchen, erwisch ich dich noch mal beim Klauen, brech ich dir mit meinen eigenen Pranken alle deine Knochen! Nimm die Flossen weg von fremdem Eigentum, hier wird nicht gekrallt, verstanden!? Sonst kriegst du gehörig was auf die Nüstern und hinter die Löffel, du Grünschnabel!"

*

Nest und Ei

In einem kleinen Nest mit ein paar Einwohnern lebt eine Familie mit einem Zwillingspaar. Eines von den beiden, kaum aus dem Ei gekrochen, entwickelt sich zum Nesthocker und ist das Nesthäkchen der Mutter. Später, als es älter wird und sich langsam von der Mutter löst, lernt es die Dorfschöne kennen und spielt oft mit ihr Sackhüpfen und Eierlaufen.

Nach ein paar Jahren, als sie alt genug sind, sich ein eigenes Nest zu bauen, ziehen beide zusammen. Da keiner von beiden reich ist, kann auch niemand behaupten, der eine oder andere habe sich ins warme Nest des anderen gesetzt.

Es dauert nicht lange, da verwandeln sie ihre Wohnung in ein Liebesnest. In der Öffentlichkeit reden sie nur Gutes und Schönes über ihr Heim, sie sind schließlich keine Nestbeschmutzer! Sie sehen immer wie aus dem Ei gepellt aus und gehen sehr zart miteinander um. Er behandelt sie wie ein rohes Ei, aber wegen seinem Eierkopf, und weil er oft wie auf Eiern geht, vergackeiert sie ihn so manches Mal.

Für ihn ist dieses Leben jedoch auf die Dauer nicht das Gelbe vom Ei. Er hat einen Hang zum Räubern und verwandelt bald das Liebesnest in ein Räubernest. Keiner weiß, warum er das tut, sie vermutet, er habe als Kind zu wenig Nestwärme bekommen. Als sie ihn wegen der Räuberei zur Rede stellt, führt er einen wahren Eiertanz auf und sagt schroff: „Kümmer dich nicht um ungelegte Eier!"

Er traf sich dann mit seinem Zwillingsbruder, dem er glich wie ein Ei dem anderen, und beide dachten über ihren nächsten Coup nach. Für 'n Appel und n' Ei kauften sie einen alten Schweißbrenner und überlegten dann, welche Bank sie überfallen sollten. Nach langem

Hin und Her sagte der eine schließlich: „Mensch, weißt du was, wir nehmen gleich die Sparkasse hier im Dorf, da kenn ich mich gut aus". „Das ist das Ei des Kolumbus!" gratulierte der andere ihm zu diesem grandiosen Einfall und sie planten den Überfall für den nächsten Tag.

Abends in der Kneipe verplapperte sich einer von ihnen. Am nächsten Morgen stand die Polizei vor der Tür, fand aber das Nest leer vor. Gegen Mittag hatte sie Erfolg und hob das Nest aus. Die beiden wurden verknackt und kamen zu Ostern wieder raus. Zuhause wurde unser Räuber erst mal von seiner Frau mit einem Glas Eierlikör empfangen, den trank er am liebsten. Auf dem Tisch stand ein Nest mit lauter bunten Ostereiern. „Ei, wie fein", lobte er seine Frau, küsste sie und versprach ihr, anständig zu werden.

*

Maus

Es lebte einmal in einer kleinen Stadt eine Frau, arm wie eine Kirchenmaus. Meistens waren, wenn sie ihren Geldbeutel öffnete, keine Mäuse darin. Obwohl sie sich immer in ihr Mauseloch verkroch, lernte sie einen jungen Mann kennen, mit dem sie erst ein wenig Katz' und Maus spielte, damit er ihr teure Geschenke machte. Das tat er dann auch, denn, so dachte er, mit Speck fängt man Mäuse. Und er fing sie.

Sie verliebten sich ineinander und er nannte sie mein Mausezahn, manchmal auch Mausi oder mein Mäuschen. Es störte ihn nicht, dass sie wie eine graue Maus rumlief, und sie freute sich, dass er kein Duckmäuser war. Zuhause und im Garten wühlte er rum wie eine Wühlmaus, ständig gab es was für ihn zu tun. Sie machte sich auch allmählich mausig.

Doch eines Abends, es war mucksmäuschenstill im Haus, da spielte sie Mäuschen, schlich vor sein Zimmer, guckte durch das Schlüsselloch und sah ihn eine alte Leidenschaft ausüben, die er seit ihrer Hochzeit geschworen hatte, aufzugeben: er trank. ‚Jaja,' dachte sie voller Enttäuschung, die Katze lässt das Mausen nicht!' Es war zum Mäusemelken!

Er trank jeden Abend, später dann auch mittags und nach einer Weile fing er schon morgens an, wurde gewalttätig und griff sie an. Als sie mit Scheidung drohte, ging er auf Entziehungskur. Aber schon nach zwei Tagen sah er weiße Mäuse und am dritten Tag war er mausetot. Sie war keinen einzigen Tag traurig, holte ihre besten Sachen aus dem Schrank, (von denen die Maus keinen Faden abgebissen hatte) und tat in der nächsten Hafenkneipe das, was Mäuse tun, wenn die Katze fort ist: tanzen! Dort lernte sie einen Matrosen kennen, mit dem sie dann zur See fuhr. Aber leider ging das Schiff mit Mann und Maus unter.

*

Schwein

Das Schwein kann mit dem Hund konkurrieren, nicht, was die Schnelligkeit anbelangt, obschon es Schweinerennen gibt, ich erinnere mich an ein Buch mit dem Titel: „Rudi, das Rennschwein", aber was die Anzahl der Vergleiche mit dem Menschen in der Umgangssprache anbelangt, da kann es durchaus mithalten.

Die allermeisten Ausdrücke davon diskriminieren das Schwein, aber drei habe ich gefunden, die aus dem Rahmen fallen: „Schwein haben" ist der erste. Wer kennt es nicht, dieses rosarote Glücksschwein, oft auch in Marzipan gegossen und mit einem Glückspilz zu Neujahr verschenkt. „Schwein haben" für Glück haben stammt aus dem Mittelalter der Schweinezucht oder noch eher aus der Zeit, als Menschen noch Wildschweine jagen mussten, um in den Genuss von Schinken und Speck zu kommen.

Heute werden Wildschweine ja nicht mehr gejagt, sondern abgeballert. Ich sah mal unter einem Hochsitz eine Menge Futterrüben verstreut. Wenn da ein Wildschwein mal nicht getroffen wird, muss der -Jäger kann man ja nicht mehr sagen, weil er nicht jagt, und Schütze ist zu edel -, also Ballermann in grün entweder saublöd sein oder sein Schiessprügel Ladehemmungen haben, jedenfalls hat in einem solchen Falle das Wildschwein Schwein. In Not-, meist in Kriegszeiten bedeutete ein Schwein haben Wurst, Fett, Schmalz, Schinken, Speck, Darm für Wurstpelle und Blase für einen Ball, dann Eisbein, Schweinskopfsülze und der gleichen mehr, genug zum Überleben. Und ein Schwein stellt keine hohen Ansprüche ans Futter, weswegen wohl auch das mit allerlei Kleingeld gefüllte Schwein „Sparschwein" heißt.

Sparschweine sind seit dem Mittelalter bekannt – der älteste Fund reicht zurück bis ins 13. Jahrhundert und stammt aus Billeben in Thüringen. In der bäuerlichen Gesellschaft des Mittelalters galt das Schwein als intelligent und war ein Symbol der Fruchtbarkeit, Nützlichkeit und Genügsamkeit. Ein Schwein zu besitzen, war ein Glücksfall. Als ein Symboltier des Glücks wurde das Schwein daher auch mit dem Besitz von Geld assoziiert. Nichts lag näher, als dem Gefäß zur Verwahrung der eigenen Ersparnisse die Form des Schweins zu geben, das Wohlstand, Sicherheit und Glück repräsentierte. Das später bei Kindern beliebte Sparschwein erfüllte zudem eine pädagogische Aufgabe: Wie ein echtes Schwein mit Futter, so muss das Sparschwein mit Münzen gefüttert werden und darf erst geschlachtet werden, wenn die Zeit reif ist.

Der zweite Ausdruck ist „sich sauwohl fühlen". Wer einmal, was heutzutage selten ist, eine freilebende, grunzende, im Dreck liegende, wühlende bzw. sich suhlende, schmatzende, quiekende, sich an Zaunpfählen reibende Schweineherde gesehen hat, versteht diesen Vergleich.

Für uns Menschen ist oberstes Gebot: „Sau-berkeit" und Anstand. Wer also mal so richtig ohne Einschränkung, Kritik, Nörgelei, ohne Pflichten, Druck, Verbote und Vorschriften für eine Weile oder länger tun und lassen kann, was er will, der hat Grund, sich sauwohl zu fühlen.

Der letzte der drei Ausdrücke, die aus dem Rahmen fallen, hat etwas mit Tönen zu tun, von denen das Schwein ja eine Menge erzeugen kann: es quietscht, grunzt, quiekt, schmatzt, und schreit am Ende, wenn es auf den Viehwagen Richtung Schlachtbank gezerrt wird, in Todesahnung wie am Spieß, fast brüllt es wie ein Baby. Aber eines kann das Schwein nicht: pfeifen. Und wenn einer glaubt, sein Schwein pfeift, dann hat er etwas wahrgenommen, was es eigentlich nicht geben kann.

Alle anderen Ausdrücke stehen, soweit ich weiß, für irgend etwas Übles. Für Schweine ist wahrscheinlich der Mensch so ziemlich das Letzte, das Übelste, was es an Kreaturen auf der Erde gibt, sterben sie doch fast ausnahmslos durch seine Hand und enden doch fast alle in seinem Magen und lagern sich in seinem Bauch, Po, Schenkel, seinem Doppelkinn und in seinen Fingern als Fettwülste ab. Die Schweine glauben vielleicht sogar an diese Reinkarnation, diese Wieder-Fleischwerdung, die sie sich jedoch oft zu mehreren in einem einzigen Menschen teilen müssen, da ja der Mensch auch andere Tiere isst und es unzählige von Herden der verschiedensten Arten gibt, die der Mensch sich einverleibt. Ganz sicher aber ist der Christenmensch für die gefressenen Schweine das unterste Durchgangsstadium nach ihrem Tode und erst danach kommt, nach vielen Durchgangsstadien, vielleicht unter dem Schutze des Allahgütigsten Gottes, dessen Anhänger zwar Schweine verachten, aber nicht schlachten, das himmlische Schweinereich.

Nun aber zu den übrigen Sauereien: Zu essen gibt's Schweinefrass, von dem einem sauübel werden kann und der manchmal sauteuer ist.

Dicke Frauen sind in der Einzahl eine fette Sau, auch manche Männer laufen rum wie ein gemästetes Schwein.

Einige der zu Keuschheit sich selbstverurteilenden Priester einer bestimmten Groß-Sekte treiben's manchmal im Beichtstuhl oder sonst wo mit Schäfchen, was sie zu Schweinepriestern macht.

Im Puff und im Suff lässt man die Sau raus (hängen). Am Wochenende, nach 22 Uhr, im Fernsehen oder auch in Sexshops kann man sich Schweinkram reinziehen. Wer bis dahin noch nicht versaut ist, wird's hier.

In allen Lebenslagen, besonders im Verkehr, nicht nur im sexuellen, kann Mann, Frau ein Schwein sein, eine Sau, ein dreckiges Schwein, eine dumme Sau, sich säuisch benehmen, saugrob sein, ein Schweinehund oder Saukerl.

Am Stammtisch sind die Schweinigel unter sich mit ihren Ferkeleien und nach ein paar Bieren wird manches Schwein zum wildgewordenen Eber, theoretisch. Bei zu viel Bier gibt's manchmal 'ne Keilerei und der eine oder andere blutet danach wie eine Sau oder wie ein abgestochenes Schwein. In der Schule, aber nicht nur da, wird man zur Sau gemacht, versaut sich sein Zeugnis mit sauschlechten Noten, saudummen Bemerkungen oder mit einer Sauklaue. Da gibt es auch eine Menge faule Schweine, auch unter den Lehrern.

Kinder fressen wie die Schweine, benehmen sich wie die (Drecks)Ferkel, den Müttern gefällt's nicht, für sie hat draußen spielen immer was zu tun mit rumsauen, rumferkeln, einsauen. Die denken nur ans Waschen.

Zum Schluss fällt mir noch ein Satz ein, den eine Frau in einer Talkshow von sich gab: „In der Politik geht's zu wie im Schweinestall. Die Tröge bleiben immer die selben, nur die Schweine wechseln". Politiker kriegen meine Stimme deshalb nicht, das hieße ja Perlen vor die Säue werfen! Oder muss man doch, um voranzukommen, mit den Prinzen „ein Schwein sein in dieser Welt"?

*

Der Wolpertinger

(ein genetisches Wunder, ausgestopft zu besichtigen in manchen bayrischen Kneipen

Der Wolpertinger
ist ein Wolf im Schafspelz.
Er ist lammfromm,
frisst wie ein Schwein,
schläft wie ein Murmeltier,
schnarcht wie ein Bär,
hat ein Spatzenhirn
und ist trotzdem schlau wie ein Fuchs.

Er hat eine Rabenmutter
und einen Schweinepriester zu Eltern,
die ihn erst milde Schmutzfink,
Ferkel und Dreckspatz nannten,
später grob Schweinehund und Kanalratte,
und die er seinerseits mit Rabenaas und
Otterngezücht betitelt.

Des Abends säuft er wie ein Schluckspecht
Und kotzt anschließend wie ein Reiher.
Morgens wacht er dann mit einem Kater auf.

Er ist das schwarze Schaf in der Familie
und für alle der Sündenbock.
Ein Unschuldslamm ist er nicht,
sein Sündenregister geht auf keine Kuhhaut,
klauen tut er wie ein Rabe,
die diebische Elster ist sein Vorbild.

Eitel ist er wie ein Pfau,
aber mit seinem Pony vorne

und seinem Pferdeschwanz hinten
sieht er aus wie ein komischer Kauz.

Weibchen sind Zimtzicken für ihn,
falsche Schlangen,
nur zum Vögeln gut.
Aber wenn er Schweinkram liest,
wird er noch puterrot.
Läuft ihm eine Laus über die Leber,
wird er fuchsteufelswild.

Er kann keiner Fliege etwas zuleide tun,
und wenn er ein Versuchskaninchen sieht,
kullern ihm die Krokodilstränen
über sein Froschgesicht.

Bei Gefahr ist er flink wie ein Wiesel,
aber meist läuft er sich dabei einen Wolf,
weil er ein Angsthase ist und lange läuft.

Gerne aalt er sich in der Sonne,
dann fühlt er sich pudelwohl.

Wahrscheinlich stirbt er mal
wie eine elende Ratte,
nach der kein Hahn mehr kräht.

*

Pferd

Es lebte einmal in einer Kleinstadt namens Kupferdreh, ein Ort, in dem das Pferd mittendrin seinen Platz hat, ein kleiner Junge. Er verstand sich sehr gut mit seinem Vater. Einem Freund erzählte der Junge einmal von ihm und sagte dabei: „Mit dem kann ich Pferde stehlen!"

Einmal, als der Vater gerade mit seinem Bruder, der zu Besuch weilte, Schach spielte und er diesen mit seinem Pferd in arge Bedrängnis gebracht hatte, sprang der Junge wie ein Wilder durch die Wohnung und rief dauernd: „Ein Pferd, ein Königreich für ein Pferd!" „Wo hast du denn das her?" wollte der Vater wissen. „Och", sagte der Junge, „im Kindergarten spielen wir gerade König und Ritter, da rufen wir das".

Der Vater aber dachte, der Junge hat das nicht ohne Grund aufgeschnappt, und als kurz darauf die Großtante des Jungen zu Besuch kam, und diese den Vater fragte, was sie denn dem Jungen zum Geburtstag, der ja bald sei, schenken könne, da sagte dieser: „Schenk ihm doch ein Steckenpferd, da wird er sich bestimmt freuen!". Und sie tat es und der Junge freute sich wirklich riesig. Da hatte der Vater auf das richtige Pferd gesetzt!

Für den Jungen war das Steckenpferd natürlich das beste Pferd im Stall, er hatte nämlich noch kleine Pferdchen, mit denen er manchmal Bauernhof spielte. Er bekam auch noch von der Mutter Zaumzeug und Zügel dazu und einen Reiterhut, und gleich wollte er alles ausprobieren. Aber da er noch nicht wusste, wo er die ganzen Riemen anbringen sollte, zäumte er das Pferd beim Schwanze auf. Der Vater half ihm aber. Dann klemmte er sich das Steckenpferd zwischen die Beine und trabte stolz hoch zu Ross durchs Zimmer.

Es waren auch andere Kinder eingeladen, die alle reiten wollten, aber der Junge wollte sie nicht reiten lassen. Da sagte die Mutter: „So, mein Junge, jetzt kommst du mal schön runter von deinem hohen Ross und lässt die anderen auch mal reiten. Nur widerwillig gab er es her.

Eines Tages, der Geburtstag war längst vorüber, wollte der Junge Frisör spielen. Er schnitt dem Steckenpferd vorne einen Pony und band dessen Mähne hinter dem Kopf zu einem kleinen Pferdeschwanz zusammen. Jetzt hatte es zwei davon. Dem Steckenpferd aber gefiel das nicht, und als es sich darüber beschwerte, gab der Junge ihm eins auf die Nüstern. Dann setzte er sich drauf und hopste durch die Gegend, stieß dabei aber gegen den Schrank und fiel herunter. Dabei bekam er von dem Stecken einen Stoss in die Rippen und er schrie: „Ich glaub, mich tritt ein Pferd!"

Nachdem er den Schmerz und den Schrecken überwunden hatte, bezwang er sein Pferd, raste herum wie ein wildgewordener Hengst und rief dauernd: „Hüh, hott, hüh, hott" und „brrrr" und tobte so sehr, dass der Vater herbei kam und ihn zur Ordnung rief: „Hey, du machst ja alle Pferde scheu mit deinem Lärm!" Trotz seiner Rossnatur wurde das Steckenpferd einmal krank. Der Junge redete ihm zwar zu wie einem kranken Gaul, aber es half nichts, er musste zum Tierarzt, und so schleppte er es dorthin. Der Tierarzt diagnostizierte: „Pes equi" und schickte es auf Schwitzkur ins Kinderheim. „Die Sache hat einen Pferdefuss", dachte das Steckenpferd, womit es in zweifacher Hinsicht recht hatte, denn es zeigte sich, dass die Schwitzkur eine Rosskur war und der Tierarzt ein Rosstäuscher: Im Kinderheim musste es nämlich mit allen Kindern reiten, den ganzen Tag, es musste arbeiten wie ein Ackergaul. In einem geeigneten Augenblick trabte es davon, mit dem Gedanken: ‚Da kriegen mich keine zehn Pferde mehr hin!'

Zuhause angekommen, wollte der Junge auch gleich Tierarzt spielen und öffnete dem Steckenpferd das Maul. In dem Augenblick kam die Mutter herein und als sie sah, was der Junge da machte, schimpfte sie ein wenig: „Junge, einem geschenkten Gaul schaut man nicht ins Maul!" „Aber", erwiderte der Junge weinerlich, „ich wollte doch nur, ich dachte..." Die Mutter unterbrach ihn: „Das Denken überlass mal den Pferden, die haben einen größeren Kopf als du!" „Mein Steckenpferd aber nicht, meins aber nicht, hahaha" lachte der Junge plötzlich auf, wieherte dann vor Freude und sprang herum wie ein junges Fohlen. Dabei stieß er vor lauter Übermut gegen den Spiegel, dass der herunterfiel, zerbrach und ihn an der Hand verletzte.

Das Blut tropfte aufs Bett, auf den Teppich und auf seine Kleider und er weinte bitterlich. Im Herunterfallen hatte auch noch eine Spiegelscherbe das neue Kleid der Mutter zerschnitten. Als der Junge des Abends, frisch genäht und verbunden aus dem Krankenhaus kam und die Aufregung sich etwas gelegt hatte, sagte der Vater über den Schaden: „Jaja, die teuersten Pferde sind in der Regel die Steckenpferde! In Zukunft, mein Junge, musst du dich etwas mehr im Zaume halten, sonst muss ich die Zügel straffer spannen! Und das Steckenpferd bleibt mal für ein paar Tage im Stall, du gehst jetzt mal für eine Weile auf Schusters Rappen!"

Ratten

Eine Leseratte
dünkt sich erhaben
über eine Kanalratte,
für sie ist diese
eine elende Ratte,
übt sie, die Leseratte,
doch ihre Fähigkeit im Lichte aus,
jene aber im Dunkeln.

*

Frösche, Kröten, Unken

Ein Knallfrosch, männlich, begegnete einem Nacktfrosch im Hemde, weiblich und wollte ihn, bzw. sie lieben. Aber sie zierte sich. „Komm, Liebling!" quäkte der Knallfrosch etwas schleimig gequetscht. „Was klingst du so eigenartig?" unterbrach sie ihn. „Ich glaub, ich hab 'nen Frosch im Hals!" antwortete er heiser und räusperte sich kräftig ein paar Mal, bis er wieder normal quaken konnte. Dann setzte er noch einmal an, diesmal richtig und mit voll aufgeblasenen Backen: „Komm, Liebling, komm, sei kein Frosch, zieh dein Hemdchen aus!" „Du aufgeblasener Frosch!", quakte sie zurück, „ich will nicht!" „Selber Frosch", tönte er. „selber Frosch, guck mal in den Spiegel, da siehst du dein Froschgesicht mit seinen Froschaugen!"

„Jetzt reicht's aber!", keifte sie, „du ekelhafte, schleimige Kröte, wenn du nicht dein Froschmaul hältst und machst, dass du fortkommst, dann hau ich dir eins auf den Schädel, dass du die Welt aus der Froschperspektive betrachten kannst! Oder ich klatsch dich an die Wand wie im Froschkönig, aber glaub ja nicht, dass du dich in einen Prinzen verwandelst, bei dir gibt's wahrscheinlich einen lauten Knall und dann erscheinst du als Wetterfrosch im ZDF, hahaha, im Einmachglas auf der Leiter, hahaha!"

Allen Unkenrufen zum Trotz liebten sich die beiden dann doch und zwar sehr romantisch und sehr heftig, begleitet von einem klaren Sternenhimmel, einem leuchtenden Vollmond und einem ergreifenden Froschkonzert.

*

Kuckuck

Einer flog übers Kuckucksnest: es war Herr Eichelhäher und es war sein eigenes Nest und auch wieder nicht. Kaum war er drüber weg, flog er wieder zurück und setzte sich auf einen Ast daneben. Da kam auch schon seine Gattin, Frau Eichelhäher, angeflogen und setzte sich neben ihn.

„Hm", meinte sie, „wir waren doch nur einen kleinen Augenblick fort, aber, zum Kuckuck noch mal, mir ist, als hätt ich einen Schatten direkt über unserer Brutstätte gesehen! Sieh mal, ist da nicht plötzlich ein Ei mehr im Nest, und ist das eine nicht viel größer und gesprenkelter als die anderen?" Darauf erwiderte er: „Meinst du etwa, da hat uns jemand ein Kuckucksei ins Nest gelegt? Weiß der Kuckuck, wie viele Eier vorher darin lagen, ich hab sie nicht gezählt, aber ich glaub kaum, dass sich jemand in unsere Nähe traut, wo wir doch die Polizei des Waldes sind!"

Derweil saß der Kuckuck in Ermangelung eines eigenen Nestes ganz still in seinem Wolkenkuckucksheim hoch oben in den Ästen des Nachbarbaumes und lachte sich eins in den Flügel : „Hahaha, schöne Polizei!" „Na, dann will ich mal weiter brüten" sagte Frau Polizeidirektor Eichelhäher und setzte sich auf die Eier. Herr Polizeidirektor Eichelhäher flog fort, geschäftlich.

Bald kam er zurück, mit Herrn Elster. „Ja, mein lieber Herr Eichelhäher, da hilft nichts, sie schulden dem Ehepaar Eichhörnchen 3476 Eicheln und können seit Wochen nicht zahlen, trotz dreier Mahnungen, ich muss leider pfänden!" Widerwillig und zeternd erhob sich Frau Eichelhäher, und der Gerichtsvollzieher Elster klebte auf das größte Ei, ausgerechnet das Kuckucksei, einen Kuckuck. Kaum war er jedoch weggeflogen, da pickte Frau Eichelhäher den Kuckuck vom Ei, zerfetzte den Aufkleber und ließ die Schnipsel aus dem Nest fallen.

Dabei krächzte sie: „Hol 's der Kuckuck!" Als die Elster später mit Verstärkung zurückkam, um das Ei abzuholen, machten beide so ein Geschrei, dass der Trupp eiligst davonflog und sich nicht mehr blicken ließ.
Im Mai dann erscholl der erste Kuckucksruf, und Kinder, die mit einem „IA,IA" schreienden Esel durch den Wald ritten, sangen : „Der Kuckuck und der Esel, die hatten einmal Streit...." und „Kuckuck, Kuckuck ruft's aus dem Wald..."

*

Vögel

Ein Spaßvogel
zwitschert einem komischen Vogel zu:
„Bei dir piept's wohl!"
„Du Grünschnabel!" schimpft dieser,
tippt mit dem Flügel an sein Spatzenhirn:
„Selber 'ne Meise!"

Ein Rohrspatz,
der getrunken hatte wie ein Schluckspecht,
beschimpfte einen Dreckspatz,
der sein Nest beschmutzte:
„Du Schmutzfink!"
Der aber gab prompt zurück:
„Alte Schnapsdrossel!"

„Den Vogel bring ich zum Singen!"
flötete der Lockvogel dem Bandenchef zu, und zwar
beim Vögeln!"
Er musste jedoch später kleinlaut zugeben:
„Der Vogel ist mir leider nicht auf den Leim gegangen, er
ist entfleucht!"
*

Geier und Aas

Wie die Geier lauerten sie auf ihn, aber er, von seinen falschen Freunden Geiernase genannt, eben wegen derselben, war schon auf der Flucht vor seinen Gläubigern. Über ihm schwebten fünf Pleitegeier und begleiteten ihn auf seinem Weg durch die Wüste.

Das Pferd stolperte, brach sich ein Bein und verendete. Drei Pleitegeier besorgten die wüstenpolizeilichen Maßnahmen und reinigten die Unfallstelle. Geiernase kam auch nicht weit und in Kürze war er das, was schon seine richtigen Feinde immer zu ihm gesagt hatten: ein kleines, dreckiges Aas. Die übrigen zwei Pleitegeier stürzten sich auf ihn.

Aus der Ferne wurden sie von einem anderen Geierpaar beobachtet. „Da, schau her" geierte der eine zum andern, "wie die Aasgeier stürzen sie sich auf ihn!" Der andere wusste nicht, ob er lachen oder weinen sollte, sie waren ja selbst Aasgeier. Er krächzte zurück: „Lass uns mal hinfliegen und sie verscheuchen!"

Also flogen sie los, schwangen sich über dem Aas von Geiernase herab und setzten sich zwischen die Pleitegeier. Wie aus einem Geierschnabel kam es dann, wobei ihr Geierblick die Augen der anderen traf: „Was habt ihr hier zu suchen?" „Äh," gaben die Pleitegeier zurück: „Weiß der Geier" und flogen davon.

*

Huhn, Hahn und Küken

„Komm her, mein Küken," sagte die Mutter zu ihrem Jüngsten, während sie sich die Hühneraugen abraspelte. „Ich nehm dich unter meine Fittiche". Der alte Gockel, sie meinte ihren Mann, kann mir nichts mehr anhaben, seit ich ihn zum Hahnrei gemacht habe. Letzteres und Folgendes dachte sie nur. Er ist nicht mehr Hahn im Korb, da sind noch andere Verehrer!

Bei diesem Gedanken kam auch schon der betrogene Ehemann wie ein aufgescheuchtes Huhn angewackelt und schimpfte aufgeregt: „Mit dir hab ich noch ein Hühnchen zu rupfen! Um mich kümmerst du dich überhaupt nicht mehr, du gehst zu anderen Gockeln und wenn du hier bist, sitzt du wie eine Glucke auf deinem Küken. Wenn das so weiter geht, mach ich noch Hühnerfrikassee aus dir!" Für sie war das nur dummes Gegackere und sie erwiderte lediglich: „Da lachen ja die Hühner!" Dem Gockel schwoll der Kamm: „Nach dir kräht bald kein Hahn mehr!"

Dann drehte er ab und kam nie wieder. Er ließ das dumme Huhn, wie er sie nannte, zuweilen auch blöde Henne, weiter mit dem Kleinen zusammenglucken und ging seiner Wege. Nach einer langen Weile fand er endlich ein altes Huhn, das noch nie einen Hahn abbekommen hatte. Na, endlich, dachte es, ein blindes Huhn find't auch ein Korn!

*

Hund

Fünf Millionen Deutsche sind auf den Hund gekommen, nicht sozial, sondern Halter dieses Vierbeiners.

Diese Tatsache veranlasste einen Lehrer, seine Schüler einen Aufsatz schreiben zu lassen mit dem Titel: „Der Hund in der Umgangssprache. Erfinden sie eine Geschichte, in der möglichst viele Vergleiche mit dem Hund vorkommen!". Als er das Aufsatzthema verkündete, kam prompt der Zuruf aus den Reihen der Schüler: „Das ist ja ein dicker Hund!". Alles grölte vor Lachen.
Eine Woche später durfte Meyer seinen Aufsatz, den besten von allen, vorlesen:

„Ich heiße Meyer. Unser Lehrer ist ein blöder oder ein fieser Hund, je nachdem, aus welchem Blickwinkel man ihn betrachtet. Da belästigt er uns doch mit so einem hundsgemeinen Thema und wähnt sich auch noch in dem Glauben, wir würden alle vor lauter Freude mit dem Schwanz wedeln, aber von wegen, mit so einem Thema kann er keinen Hund hinter dem Ofen hervorlocken, mich jedenfalls nicht, ich werd davon allenfalls hundemüde.

Aber unser Lehrer ist ja, gemessen an meinem Alten, noch ganz okay, den müsstet ihr erst mal erleben! Er ist bei der Polizei. Wie oft muss ich mir seine Geschichten anhören! Erst gestern hat er erzählt, wie sie bei dem Hundewetter, bei dem man normalerweise keinen Hund vor die Tür lässt, mit einer Suchmannschaft wie eine Hundemeute hinter einem Schweinehund her waren, so einem, der mit allen Hunden gehetzt ist, um ihn zu fangen, aber er entwischte ihnen, der schlaue Hund, obwohl es ja heißt: viele Hunde sind des Hasen Tod.

Da kam mein Vater dann abends heim, frustriert und besoffen, schimpfte meine Mutter eine räudige Hündin und die Ergebnisse ihrer Kochkünste Hundefrass, von dem einem hundeübel wird, und mich bezeichnete er als Sohn einer räudigen Hündin. Wenn ihm, wie es oft vorkommt, vor lauter Frust und Alkohol hundeelend ist, wird er aggressiv, dann muss ich aufpassen wie ein Schiesshund, sonst lauf ich nachher rum wie ein geprügelter Hund.

Selbst wenn er schläft, ist er mit Vorsicht zu genießen, heißt es doch: „Schlafende Hunde soll man nicht wecken!" Das ist schon manchmal ein Hundeleben bei uns, sag ich euch! Im Grunde ist ja mein Vater ein feiger Hund, auch wenn er sich wie ein gemeiner Hund gebärdet! Meine Mutter sagt, sie hätte lieber statt so einen Hundsfott, so einen dreckigen Hund, einen lieben Menschen zum Mann, einen mit Hundeblick, der sie liebt, der treu ist und sie nicht immer beschimpft und rumkommandiert. ‚Er behandelt mich wie einen Hund', ist eine ihrer häufigsten Redensarten.

Manchmal führt mein Vater sich auf wie ein bissiger Hund, um nicht zu sagen, wie ein Bluthund. Von wegen, Hunde die bellen, beißen nicht! Er, der krumme Hund, bellt *und* beisst! Er hat doch tatsächlich neulich meine Mutter in die Hand gebissen, dieser verrückte Hund! Ihr ging es danach hundsmiserabel, sie musste sofort ins Krankenhaus. „Den letzten beißen die Hunde", sagte sie noch bei ihrem Abtransport. Und ich, Sohn Meyer, bin bei so einem tollwütigen Hund eigentlich nur zu bedauern, ich armer Hund! Und wenn das bei uns so weitergeht, geh' ich noch vor die Hunde. Manchmal trösten mich ja die Nachbarn, laden mich ein und verwöhnen mich. Sie sagen: „Du sollst auch nicht leben wie ein Hund!" Wenn der Alte mal stirbt, dann kann ich aufatmen. Auf seinen Grabstein lass ich die Worte meißeln: „Hier liegt der Hund begraben" oder „Tote Hunde beißen nicht" oder „Er war kalt wie eine Hundeschnauze". Neben diesem Aufsatz von Meyer nahmen sich die anderen wie verhunzte (ursprünglich verhundste = geschunden wie ein Hund) Geschreibsel von Schosshündchen aus.

*

Fisch

Ein Backfisch saß am Ufer eines Waldsees und angelte. Plötzlich erschien ein junger Mann in Badehose, lief auf den Steg, der ins Wasser führte und hechtete in einem eleganten Bogen ins klare Nass. "Ist das ein toller Hecht!", dachte das Mädchen.

Da tauchte der „Hecht" wieder auf, schwamm zum Steg, kletterte hoch und stürzte sich, wieder mit einem Hechtsprung, in den See. Beim dritten Mal war der Steg schon pitschnass und glitschig, und so kam es, dass der junge Mann ausrutschte und hinfiel. Beim Versuch, wieder aufzustehen, zappelte er wie ein Fisch auf dem Trockenen, ehe er sich seitwärts ins Wasser rollte.

Mittlerweile war der See nicht mehr klar, der Backfisch musste jetzt im Trüben fischen. Der junge Mann war inzwischen verschwunden. Das Mädchen hätte gerne mit ihm gesprochen, und weil es sauer war, dass der es mit keinem Blick gewürdigt hatte, schimpfte es ziemlich barsch hinter ihm her: "Oller Stinkfisch!". Sein Ärger verflog aber, als eine Horde junger Schulausflügler singend und pfeifend daher gewandert kam. Das Lied kannte das Mädchen gut und es musste unwillkürlich mitsummen: "In einen Harung jung und schön zwo drei vier ss tata tirallala, verliebte sich oh Wunder, 'ne olle Flunder, 'ne olle Flunder..."

Noch lange blieb es am Ufer, fing zwar nichts, aber aalte sich in der Sonne und träumte von allerlei Fischen, von Fischers Fritze, der frische Fische fing, von einer ollen und platten Flunder, von Fisches Nachtgesang, dem besten aller Gedichte, weil man es nicht auswendig lernen kann, dazu bräuchten Menschen ja einen Fischkopf und ein Fischmaul, und dann träumte das Mädchen von dem Fischgesicht seines Lehrers, das es, als Backfisch, so süß fand. Als es aufwachte, nahm es sich vor, sich den Lehrer irgendwann einmal zu angeln. Dass der sich nicht ködern ließ, wusste es da noch nicht.

Abends ging das Mädchen ins Kino. Wen traf es da? Den tollen Hecht vom See! Sie begrüßten sich und sprachen miteinander. Er war Angestellter bei so einem aalglatten Geldhai, wie er sagte, aber selber schwamm er nicht gerade im Geld, weswegen er das Mädchen nach dem Film, der übrigens nicht unpassend zu seiner Situation „Haie und kleine Fische" hieß, auch nur in die fish and chips Bude neben dem Kino einladen konnte. Zu dem Gericht auf Papptellern bestellte er, zwar nicht ganz passend, aber doch mit einer zutreffenden Bemerkung für beide, ein Glas Wein: "Fisch muss schwimmen". Weil ein leichter Luftstrom durch das Lokal zog, sagte er zum Wirt: „Können Sie bitte mal die Türe schließen, hier zieht's wie Hechtsuppe!"
Das Mädchen gefiel ihm, und sie mochte ihn auch, er brauchte nicht nach Komplimenten zu fischen.

Als sie feststellten, dass sie beide unter dem Sternzeichen Fische geboren waren, gab der Backfisch dem tollen Hecht die Hand und sagte schelmisch: „Reich mir die Flosse, Genosse!" Unser junger Mann verstand diese Äußerung aber etwas falsch. Er war aufstrebendes Mitglied einer politisch konservativen Organisation und erwiderte den Händedruck nur zögernd und blieb danach eine ganze Weile stumm wie ein Fisch. Das Mädchen dachte: ‚Wenn der so ist, wie sein Händedruck, weder Fisch noch Fleisch, dann wird er wohl der rechte Mann nicht sein'.

Aber bald kamen sie dann doch wieder ins Gespräch, das Missverständnis klärte sich auf, und sie genossen den Abend noch eine ganze Weile. Beim Abschied fragte er: „Treffen wir uns wieder?" „Ist doch klar wie Hechtsuppe, morgen am Waldsee!" entgegnete der Backfisch mit einer abschließenden Bemerkung.

*

Esel

Nicht der Kuckuck – es war Winter, sondern der Fuchs und der Esel hatten einmal Streit. Es ging auch nicht um Gesang, sondern um Klugheit. Der Fuchs prahlte mit seiner vielgerühmten Schlauheit und begann gerade, ein Erlebnis wiederzugeben, das er einmal mit einem Wolf hatte: „Also, ich und der Wolf, wir waren mal..." „Halt!" unterbrach ihn der Esel: „erst der Esel, dann die Kuh, und außerdem, die Geschichte kenn' ich schon, da hast du doch ganz schön alt ausgesehen, ha ha ha !" „Da war ich aber noch jung", entgegnete der Fuchs „und wo du schon von ,alt' redest, die Geschichte, die ich dir erzählen wollte, ist eine ganz andere. Aus der, die du meinst, hab ich doch längst gelernt, im Gegensatz zu dir, du lernst ja nie dazu, heißt es nicht treffend: ,Alt wird jeder Esel?' ". Da war der Esel beleidigt.

Der Eselstreiber setzte dem Streit ein Ende, verscheuchte den Fuchs und belud seinen Esel mit einer so schweren Last, dass dieser wirklich bepackt war wie ein Esel und trieb ihn über eine Eselsbrücke. Die Brücke aber war glatt von Schnee und Eis.

Nur wenn dem Esel zu wohl ist, geht er aufs Eis, aber unser Esel sagte sich. „Mir ist gar nicht wohl", und weigerte sich, die Brücke zu betreten. „Los, du dummer Esel, rüber !", schimpfte der Eselstreiber und gab ihm eins über die Eselsohren. Der Esel wollte aber immer noch nicht. „Du störrischer Esel, ich werd dir deine Eseleien schon austreiben!" schrie der Mann und zog ihm noch eins mit seiner Peitsche übers Fell. Erst jetzt setzte sich der Esel in Trab und dachte: „Was soll ein alter Esel wie ich dagegen schon machen ?"

Er dachte, aber er sagte nichts, denn Esel dulden stumm, allzugut ist dumm.

Er schaffte die Brücke nicht, rutschte aus und kam auch unter der schweren Last nicht wieder hoch. Was blieb dem Mann anderes übrig, als die Last selber zu tragen. Da er aber ein fauler Kerl war, lud er sich Alles auf einmal auf und schleppte sich durch den Schnee den Weg entlang. Es kam, wie es, gemäss einer weisen Erkenntnis, kommen musste: "Ein fauler Esel schleppt sich mit einmal tot." Ein paar Tage später lag der Eselstreiber unter der Erde.

Den Esel fand ein Spaziergänger, ließ ihn zu sich nach Hause transportieren und pflegte ihn gesund. Schleppen brauchte der Esel seitdem nicht mehr.

*

burkh.ruehl@web.de

www.burkhard-ruehl.de
www.ruehl-burkhard.de

Weitere Bücher vom Autor:

-*Eine Radreise von Nürnberg nach Afrika*
-*Der wandelnde Kochtopf*
-*Eine Dresdner Trümmerscherbe erzählt*